Ⓢ新潮新書

西田 浩
NISHIDA Hiroshi

秋吉敏子と渡辺貞夫

826

新潮社

秋吉敏子と渡辺貞夫　目次

序章　出会い

1953年の夏ごろだった。20歳になっていた渡辺貞夫はジャフロというバンドを組んで、横浜の進駐軍クラブ「ハーレム」に出演していた。

「当時僕はビバップに傾倒していたが、この店はアフリカ系の兵士が多かったので、彼らに好まれるようにビートが利いて乗りのいいリズム・アンド・ブルースを中心に演奏していました」

ちなみにビバップとは、40年代にチャーリー・パーカーらによって始められた、各奏者の即興演奏を重視したスタイルで、モダンジャズはここから始まったと言われる。戦後、日本のジャズはビバップの前のスタイル、スイングを中心にしていたが、若い奏者を中心に、ビバップを取り入れようという機運が芽生えていた。

ハーレムにはピアニストのハンプトン・ホーズやサックスのハル・スタインら、米軍に招集されていたジャズ・ミュージシャンたちが出入りしていた。毎日曜日の昼間に、彼らはステージに集まり、ジャム・セッションを繰り広げていた。貞夫にとって、それはまぶしい光景だった。「いつか僕もあの域に達したい」と自らを鼓舞していたという。日本の奏者にとっては、最先端のジャズに触れられる貴重な場でもあったわけだ。

そこで、進駐軍のジャズ・ミュージシャンに交じって、奔放にピアノを弾く若い女性がいた。23歳の秋吉敏子だった。「僕と3つしか違わないのに、この時点で日本のモダンジャズを代表する若手として高く評価されていました。まさにあこがれの存在でした」と振り返る。

そんな貞夫に、ある日、敏子が声をかけてきた。

「新しいバンドを作るんだけれど、一緒にやらない」

その技巧は認められていた敏子だが、同時にジレンマも抱えていた。テナーサックスの与田輝雄率いるシックス・レモンズに在籍し、高給を得ていたのだが、レギュラーで出演していた銀座の銀馬車というクラブではもっぱらダンス音楽を演奏することが求められた。「ビバップを追求したい」と願っていた彼女は、52年夏、シックス・レモンズを脱退し、自らがリーダーとなるコージー・カルテットを結成したが、メンバーの一人が病に倒れ、わずか数か月で解散の憂き目を見た。

「結果的にフリーランス、実態は失業者になってしまうわけですね」と敏子。後に渡辺プロダクションを設立し、多くの人気タレントを抱え、芸能界に君臨することになる渡辺晋《しん》が率いる人気バンド、シックス・ジョーズに雇われるなど、態勢を整えつつ、捲土《けんど》重来《ちょうらい》を期していた。そして、満を持し、第2期コージー・カルテット結成に乗り出したのだ。

「貞夫さんの演奏は、ハーレムで聴いたんでしょうね。当時の日本のアルトサックスは、お行儀のいい演奏をする人ばかりでしたが、貞夫さんはチャーリー・パーカー・スタイル、もう少し正確に言うと、ジャッキー・マクリーンにより似ていたかもしれませんね。いずれにせよ、当時の日本にはいないタイプの奏者でした。私が目指す音楽には、是非ほしい人でした」

一方、貞夫にとって、この誘いを断る理由はなかった。

「僕の演奏を聴いて、認めてくれた。うれしかったですね」

かくして、敏子と貞夫が並び立つ、今から考えれば夢のバンドが誕生した。そしてこの出会いが、日本のジャズを大きく動かしていくことになるのだ。

第1章　ピアノに魅せられた少女

大陸生まれ

秋吉敏子は1929年12月12日、満州（現中国東北部）遼陽《りょうよう》で、父・仲吉《なかきち》、母・アキの間に、4人姉妹の末っ子として生まれた。父は商社員として満州に渡った後、紡績会社の社員を経て自ら事業を起こし、家庭は裕福だった。

当時、日本は激動の時代を迎えようとしていた。この年、ニューヨーク株式市場の大暴落を機に世界恐慌が始まった。31年に満州事変が勃発し、翌年、満州国建国。33年には日本が国際連盟を脱退し、国際的に孤立することになる。36年、陸軍青年将校がクーデターを企てた二・二六事件、37年には日中が全面戦争に突入する。そして、41年には遂に日米開戦となり、日本は破滅への道に向かうことになる。しかし、満州は直接、戦争の影響を被ることなく、秋吉一家では平穏な生活が続いていた。

父は能、謡《うたい》、鼓《つづみ》をたしなみ、母はクラシック音楽の鑑賞が趣味で、よく家にあったオルガンを弾いてくれたという。敏子は自然に音楽と触れられる環境で育っていった。幼稚園のころは鉄棒やジャングルジムで遊ぶのが大好きな活発な少女だった。遼陽小学校に進むと、冬場は校庭にスケートリンクが作られた。運動神経のよかった敏子は、めきめき上達し、競技会の選手に選ばれるようになったという。母はしつけの厳しい人で、夕食後の外出は禁止されていたが、遊び盛りの敏子は、こっそり外に出ようとして母にみつかり、激しく叱られることがたびたびあった。

「とにかく冬の寒さは猛烈でした。零下30度なんてことも珍しくなくて、家から小学校に通学する間に、顔の感覚がなくなり、眉は白く凍りつきました」

10歳ころの秋吉敏子（中央セーラー服）

ピアノとの出合い

小学校1年生の時、年長の女生徒がモーツァルトの「トルコ行進曲」を弾いているのを聴き、「私もこんな風に弾いてみたい」と思ったという。「ピアノをやりたい」と母に頼み込んだが、近所には専門のピアノ教師はいなかった。小学校の音楽教師に教えてもらうことになった。「放課後に学校でレッスンをしてもらい、時々先生のお宅に行って習うこともありました。冬の寒い日には、用務員室に行って、お湯をわかしてもらい、かじかんだ手を温めてからピアノに向かったのを覚えています」

小学校を卒業した1942年、大連の弥生高等女学校に進んだ。遼陽には女学校がなかったため、敏子は母とともに大連に移り住み、父は引き続き遼陽にとどまるという生活だった。静かな地方都市というたたずまいの遼陽に対し、大連は大都会だった。

入学前年に太平洋戦争がはじまり、女学校では木刀、なぎなた、銃の撃ち方の訓練があった。それでも、大連や遼陽は戦場となることはなく、内地の都市部と違って空襲もなく、日々の生活は平穏で、戦争をしているという意識は薄かった。「内地からの情報は乏しく、戦争には勝ち続けていると無邪気に信じていましたね」と笑う。

女学校と並行して、同時に大連音楽学校という、いわゆる音楽教室で中国人のピアノ教師、楊孝毅に習うようになった。ある時、女学校の授業の裁縫で誤って指に針を刺し、その後プールに入って、化膿してしまったことがあったという。それを見た楊から、

「ピアニストなんだから、そんな無思慮なことをしてはだめでしょう」と注意された。

「自分はピアニストなんだという自覚は、この時芽生えたと思います」

敗戦、そして引き揚げ

戦況の悪化は満州の生活にも影を落とし始めた。3年生になると、教室で軍服を縫うようになり、否応なく、「大変な状況になっているんだ」と感じるようになった。

「日本が戦っているのだから、私もお国の役に立たなくてはならないと素朴に思ってしまう軍国少女でした。両親の反対を押し切って、女学校3年生の時、陸軍の従軍看護婦に志願し、養成所に入所しました」

1945年初夏、興城にあった陸軍病院で研修を受けることになった。朝6時から夕方5時まで、包帯の巻き方、消毒液の作り方、注射のやり方など、看護の基本をたたきこまれた。ただ、ピアノの弾けない生活はつらかった。持ってきたピアノの楽譜をこっそり見て、自分をなぐさめることもあった。8月に入り、配属希望先の調査書に、「最前線」と書き、いよいよ配属という時に、終戦を迎えた。敗戦を告げる玉音放送は病院で職員や実習生らとともに聞いた。

列車を乗り継ぎ、家族のいる遼陽に帰った。家に到着した時、すでに洛陽に侵攻していたソ連兵が、めぼしいものを略奪している最中だった。その後もソ連兵が突然押し掛けることが何度かあったという。気配がすると、素早く母や姉とともに、床下に隠れる。そんな不安におびえる生活がしばらく続いたが、ソ連の憲兵隊が遼陽に入ると、町の治安は落ち着いていった。

年が明け、46年になると、ソ連兵に代わって中国共産党軍が遼陽に入り、自宅の2階は将校住宅に接収された。ピアノは共産党軍に奪われてしまった。敏子は最後にモーツァルトの「トルコ行進曲」を弾き、大切なピアノとの別れを惜しんだ。その後、共産党軍に代わって中国国民党軍が遼陽に駐留した。この時も自宅2階は将校の住居に接収されてしまったという。父の仲吉は満州で築いた財産を一切失ってしまい、敗戦国の悲哀を味わうことになった。「それでも命の危険にさらされることはなく、比較的恵まれていたのではないでしょうか」と述懐する。そして、同年8月、満州を後にして、日本に引き揚げることになった。

「結果的に満州に16年間暮らしました。日本で暮らした10年より長かったわけなんです。細かいことにくよくよしないという、大陸育ちのおおらかさみたいなものを自分は持っているような気がします。後に日本を離れ、米国に渡り、そのまま居ついてしまうという行動に出たのも、成育環境が影響していたのかもしれません」

ジャズとの出合い

満州からの引き揚げ船で広島に上陸した秋吉一家は、父母の故郷に近い、大分・別府に住むことになった。「町には進駐軍の屈強な米兵が相当数いて、最初はそれが怖かったことを覚えています」と振り返る。1946年秋のある日、あてもなく別府の町を歩いていると、ダンスホールの店先で「ピアニスト募集」の貼り紙を目にした。

「満州の家にあったピアノを中国共産党軍に奪われ、ピアノを弾くことに飢えていた私は、そのまま迷わず店内に入り、『ピアノを弾きたいんですが』と店員に告げました。すると、『今夜から来てほしい』と言われたのです」

終戦後、各地に米国進駐軍相手のダンスホールやクラブが開業するのだが、そこで演奏するミュージシャンの数が不足していて、楽器ができれば、誰でも職にありつけるという状況だった。しかし、父は、年若い娘が夜働くことに抵抗があったようで、大反対だったが、それを押し切った。当時、ミュージシャンは待遇が良く、敏子の収入が家計を助けることになった。

「夜、店に行ったら、バンド・リーダーから楽譜を渡されたが、オタマジャクシじゃなくて、コード記号しか書いていない。コード記号なんて見たこともないので、『これ何ですか』と聞くと、『あんた何にも知らないんだな。明日教えてあげるから、今夜は適当に合わせて』とあきれられました。耳はいい方なので、何とか合わせることはできましたが、不安なスタートでしたね」

とは言え、技術的にはしっかりしていた上、やっとピアノを弾けるという喜びから、吸収は早かった。ある時、客の一人に、「よく弾けている。しっかり勉強したら、九州一のジャズ・ピアニストになれる」と言われた。その客は敏子を自宅に招き、米国のピアニスト、テディ・ウィルソンのレコードを聴かせた。敏子はその粒の揃った流麗なピアノに衝撃を受けた。

「本当の意味でのジャズとの出合いでした。今までは、よく知らぬままに、自分たちがやっているがちゃがちゃしたダンス音楽をジャズだと思っていたので、衝撃でした。ここで聴かせてもらったのが、スイング・スタイルのウィルソンの端麗なピアノだったのも、私にとってラッキーでした。あれがセロニアス・モンクだったら、当時の私には理解できなかったと思います。そこから、私のジャズに対する探求が始まりました」

別府から福岡に

別府に新たな進駐軍専用のクラブが開店し、敏子はそこに雇われるようになった。開店記念に、福岡で活動する九州随一と言われた山田竜太郎ビッグバンドが招かれ、演奏した。敏子は初めて聴くビッグバンドのアンサンブルに圧倒された。このバンドのマネージャーに敏子は気に入られ、「福岡の別のバンドがピアニストを募集しているから、やってみないか」と誘われた。より大きな活動の場を求め、17歳の時に単身、福岡に移る。それから間もなくあこがれの山田バンドから声がかかり、加入することになった。

「別府に引き揚げた頃は、両親の勧めもあり、医師になるために進学するつもりでした。でも、その頃には音楽の道に進むことを決めていました」

山田バンドは福岡の進駐軍将校クラブに出演していたが、敏子は昼間、そこにあったジャズのレコードを片っ端から聴いて、採譜した。

「当時、すごいなと思ったのが、ドラマーのジーン・クルーパの『ダーク・アイズ』でした。派手でわかりやすかった上、クルーパの豪快なドラムソロがかっこよかったんですね。なぜか、同時期に聴いたデューク・エリントンは、抽象的でよくわからない音楽だなと感じました。その後、エリントンは私の最も尊敬する作曲家になるので、今思えば、意外なのですが、洗練された音楽を理解するには洗練された耳が必要ということなのでしょう」

さらに将校クラブでは思う存分ピアノの練習もできた。知人から米国のジャズのピアノ教則本を送ってもらうなど、研究を重ねた。

「ある日、自分なりに工夫して組み立てたアドリブをバンドで弾いたら、終演後、リーダーの山田さんが『秋吉がちょっと工夫しただけで、フィリピン人のような演奏になった』と言ってくれました。当時、フィリピンのミュージシャンは日本人より格上と思われていたので、これは立派な褒め言葉なのです」

そんな福岡での生活は、1年ほど続いた。しかし、より大きな舞台を求める気持ちが敏子の中で次第に膨らんでいった。山田バンドの日々あまり変わり映えのしない仕事に飽きてきたと同時に、将校クラブの仕事だけでは、自分の成長にも限界があると感じた。「東京に行きたい」。敏子は山田に相談した。山田はこの申し出を快く受け入れ、東京で活躍するドラマー、生駒《いこま》徳二に紹介状を書いてくれた。
１９４８年夏、18歳の敏子は上京した。

第2章　アメリカにあこがれた少年

琵琶から始まった音楽人生

渡辺貞夫は1933年2月1日、父・勝三、母・とうの次男として、宇都宮に生を受けた。

1885年に東京で生まれた勝三は、軍人になるのが夢だったが、少年期に鉄棒から落下した事故が元で右足を悪くしてしまい断念したという。ちなみに貞夫の名は、当時勇名を馳せていた陸軍将校の荒木貞夫（後にA級戦犯として東京裁判で終身刑の判決を受けることになる）にちなんで付けられたというから、軍人への執着は相当なものだったのだろう。

1910年、勝三は創立したばかりの日立製作所に入り、電機工としての技術を磨くことになった。一方で、薩摩琵琶をたしなみ、演奏活動も行っていた。「東京で皇族の梨本宮《なしもとのみや》さまの前で琵琶を弾いたというのが、自慢のたねで、その時の話はよく聞かされましたね」と貞夫は述懐する。

大正時代に、たまたま琵琶の公演のため訪れた宇都宮で、農家の壊れたモーターを修理してあげたら、その近所から次々と修理を頼まれたという。技術者の少ないこの土地なら生活しやすいのではと、モーターの製作・修理を行う渡辺電機工業所を設立し、宇都宮に居を構えることになった。そこで、とうと出会い、結婚したのだった。

貞夫は5人きょうだいの2番目として幼少期を過ごす。家は宇都宮城址の裏手にあり、その土手や堀が遊び場だった。夏は水遊び、冬はスケート。友人たちとともに外を飛び回るわんぱくな子供だった。一方で、父が琵琶の奏者だったこともあり、音楽的な環境には恵まれていたようだ。

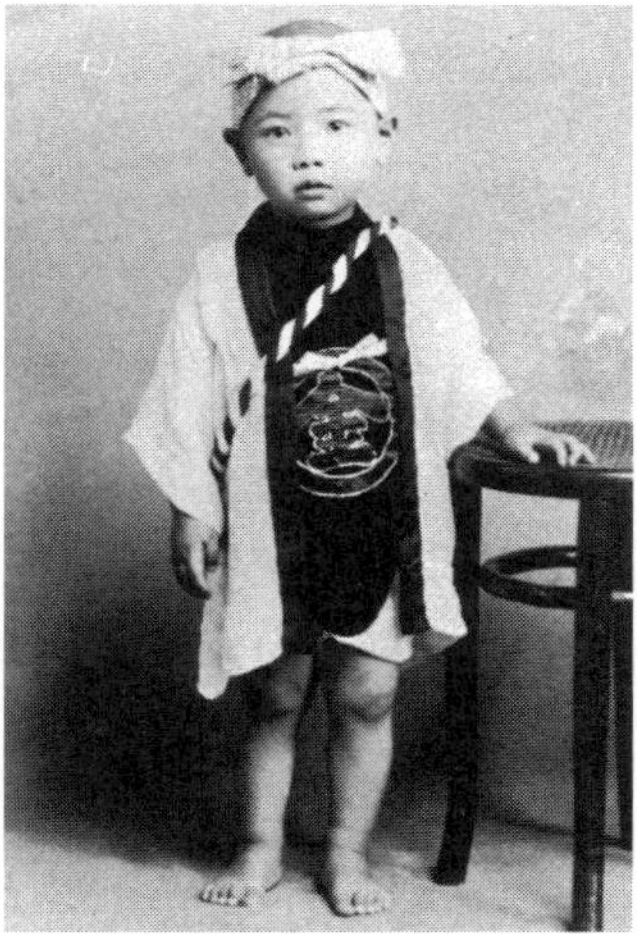

幼少期の渡辺貞夫

幼い時から、2階の座敷に正座させられ、源平合戦の語りなどを聴かされ、小学校に上がるころになると、琵琶の手ほどきを受けるようになる。もっとも当時の貞夫にはこれが嫌でたまらなかった。

「当時、近所でギターを持っているおにいさんがいて、かっこいいなとあこがれていたのです。だから、どうせ習うなら、ギターの方がいいのに、なんてことを考えていましたよ」

勝三はいわゆる粋人《すいじん》で、東京時代は、背広に赤茶の靴でめかし込み、「赤靴のワーさん」と呼ばれていたなどと話していたという。クリスマスになると、英語で「ジングルベル」を歌ってくれたのも思い出だ。年に何回か勝三は電線を仕入れに上京していたが、貞夫も時々一緒に連れて行ってもらった。隅田川の船に乗ったり、浅草見物をしたり。かつての都会暮らしの話もしてくれて、貞夫の中に自然と東京へのあこがれが芽生えることになった。

琵琶にはなじめなかった貞夫だが、音楽自体は大好きだった。

「近所にバイオリンを弾くおじさんがいて、その音が聞こえると、おじさんの家の軒先まで行って立ち聞きしていました。時々近所の幼稚園にこっそり忍び込み、そこにあったピアノを見よう見まねで弾いていました。あと3歳上のいとこがアコーディオンを持っていて、よく遊びに行って弾かせてもらっていました。当時、音階なんかわからなかったが、母が歌って聞かせてくれた童謡を、音を探しながら演奏していましたね」

母方の叔母の経営していた飲食店には蓄音機と当時の流行歌のレコードがあり、そこにも貞夫は足しげく通っていた。お気に入りは、淡谷のり子の「別れのブルース」や高峰三枝子の「湖畔の宿」。ハワイアンを日本に紹介した灰田勝彦の歌にも魅入られていた。

「僕の作る曲や僕の演奏は、『歌心がある』と言われることが多いが、今思えば、小学校に上がるか上がらないかという時期から聴いてきた、叙情味豊かな昭和初期の流行歌にその原点があったようです」

幼少期から音楽的素養は着実に育まれていたようだ。ちなみに、妹の登美子はジャズ・ピアニストの本田竹広と結婚し、自らもチコ本田の名で歌手活動を展開し、弟の渡辺文男はジャズドラマーとして成功している。

空襲そして終戦

戦前の宇都宮は今のような都会ではなく、緑豊かな田舎町だった。自然に囲まれ、のびのびと遊んだセピア色の記憶も、小学校に入る頃になると、次第に戦争の重苦しい空気に包まれるようになった。

小学校3年生の時に太平洋戦争が始まった。「将来何になりたい」と聞かれると、誰もが「兵隊さん」と答える時代だった。貞夫も例外ではなかった。しかし5年生の時、兄の登幾雄が中国に出征することになった時、「人を殺しに行くなんて、俺にはできない。やっぱり兵隊にはなりたくない」と思ったという。

家業の渡辺電機工業所を継ぐために、宇都宮工業学校（現・宇都宮工業高校）への進学を目指すことになった。受験勉強をして臨んだ入試では、出題が「特攻精神とは何か」という一問だけ。戦争末期の1945年4月に入学してからは、ろくに授業はなく、油を取るために、山に入って松の根を掘り、その合間に山芋を掘って食料調達という毎日だった。軍事教練の時間になると、「まっすぐ進め」と校庭を行進。そのままだと、校庭の塀にぶつかってしまうが、それでも掛け声は「まっすぐ進め」。塀を乗り越え、水を張った田んぼにずぶずぶと入っていく。そんな思い出がよみがえるという。

夏になって、母・とうと弟妹たちは喜連川《きつれがわ》（現・栃木県さくら市）にある親戚宅に疎開し、宇都宮の実家には父・勝三と貞夫だけが残っていた。それは7月12日の晩のことだった。これまでにない規模の空襲があった。町の中心部の方向で焼夷弾の落ちる音がひっきりなしに響き、火の手が上がり、人々が宇都宮城址へと逃げて行く。様子を見に行った勝三が間もなく血相を変えて戻ってきた。「防空壕に隠れろ」と叫んだ。家の壕に飛び込んだが、火の手は迫ってきて、隣家との間に穴を掘っただけの簡易な家の壕では、とても耐えられそうもない。あわてて、城址の土手に町内会で掘った防空壕に逃げ込むと、実家が赤々と燃えているのが見えた。

それが、世に言う宇都宮大空襲だった。１００機を超える米軍の爆撃機Ｂ－29が、市街地を中心に激しい爆撃を行い、市街の約65％が焼失し、６００人以上が犠牲になった。壕の中で放心状態のまま貞夫がポケットに手を入れると、ハーモニカがあった。その2年ほど前に市内の百貨店で母に買ってもらった、貞夫が手に入れた初めての楽器。あの大混乱の中、無意識にこれだけは持ち出していたのだ。空襲が終わり、身を寄せることになる知人の家に向かうあぜ道を、そのハーモニカを吹きながらとぼとぼ歩いたことを鮮明に思い出す。

その後、貞夫は母や弟妹が疎開していた喜連川の親戚宅に移り、そこで8月15日、終戦の玉音放送を聞くことになった。その日の午後は町はずれを流れる喜連川で、弟や妹と水遊びをした。一緒にはしゃぎながら、「ああこれで戦争に行かなくて済む」と、心の中でそうつぶやいた。

終戦から数週間もたつと、宇都宮にも進駐軍がやってきた。ジープとともに隊列を組んでさっそうと大通りを行進する米兵を見て、貞夫はただただかっこいいと思った。

「それまで『神の国・日本』『鬼畜米英』などと教え込まれていた価値観ががらっと変わってしまったのですが、当時の僕には、それが悲しいとか悔しいという意識はあまりなかったですね。米兵がくれるチョコレートやチューインガムに象徴される豊かなアメリカに無邪気にあこがれたんです」

音楽熱の高まり

ジャズ、ハワイアン、ラテン……。終戦とともに、進駐軍ラジオから、これまで聴いたこともなかったような華やかな音楽が流れてきた。貞夫はラジオにしがみつくように、それらを聴きあさったのだった。自然と音楽熱も高まっていく。

とにかく何でもいいから楽器がほしくて、ウクレレを買ってもらった。なぜウクレレだったかというと、当時、一番安く手に入る楽器だったからだ。「マイ・ハッピネス」「ボタンとリボン」など、英語の曲を一生懸命練習して、学校で歌った。

学制改革によって、貞夫が進学した旧制・宇都宮工業学校は新制・宇都宮工業高校に移行しており、貞夫は1948年に、そのまま宇都宮工業高校に進んだ。当時、貞夫は、音楽好きだった内田省三、山内仁という同級生と親しくなる。山内の父親が「デンキカン」という映画館の支配人を務めていたこともあり、よく一緒にこっそり無料で映画を見せてもらっていた。娯楽の少ない戦後の混乱期とあって、貞夫は映画にひかれていった。特に豊かな生活を垣間見られ、自由な精神にあふれていた米国映画には夢中になった。その中の1本「ブルースの誕生」という映画が、貞夫の人生を変えたのだった。

41年制作の米国映画「ブルースの誕生」は、ジャズに魅せられた白人の少年が成長し、バンド・リーダーとして成功する物語だ。黒人音楽と言われたブルースが米国を代表する音楽へと発展していく過程をも描き出した作品で、ビング・クロスビーが主演した。この少年が、大人のバンドに交じってクラリネットを吹くシーンがあるのだが、それがたまらなくかっこ良く思えた。当時はジャズ・クラリネットの大御所、ベニー・グッドマンの全盛期。帰り道、一緒に見に行った内田に、「おれもクラリネットやってみたいなあ」と興奮気味に話した。

どうしても、クラリネットがほしい。ある日、楽器店をのぞくと、飾り窓に3000

円と破格に安い中古のクラリネットが陳列されているのを見つけた。とはいえ高校生には高根の花で、父にねだるしかない。最初はけんもほろろ。説得に泣き落とし、最後はハンストまでして、約1か月後、ついに父が折れて、念願のクラリネットを手に入れた。胴体はドイツ製、先端のベルの部分が米国製、マウスピースは日本製という、寄せ集めの怪しげな楽器だったが、天にも昇る気持ちだった。

楽器はあるが、音の出し方がわからない。近所の駄菓子屋の主人が、かつてクラリネットで無声映画の伴奏をしていたと父に聞き、さっそく弟子入り。1日10円の授業料で3日間、店先で指遣いと音階を教えてもらった。それからはクラシックの教則本を買って、ひたすら一人で練習した。家で鳴らしているとうるさがられ、仕方がないので、裏手にある宇都宮城址に行って暗くなるまで吹いていた。練習のかいあって、ある程度上達すると、今度は合奏したくなる。楽器ができる同級生に声をかけて音楽部を作った。ピアノは内田、バイオリンは山内、さらにトランペットが加わる。寄せ集めだけあって、少々変わった編成だったが、放課後に講堂の隅で仲間と一緒に音を出す時間は何ものにも代え難かった。

ある日、山内が「おやじがやっているバンドに入らないか」と誘ってきた。「デンキカン」の支配人である山内の父は、タンゴバンド「山内楽団」のリーダーでもあった。貞夫は二つ返事で入れてもらうことに。当時は庶民の娯楽でダンスが大流行しており、アマチュアに毛の生えたようなバンドでも仕事はあった。何しろ、今に比べれば、楽器を弾ける人の絶対数が少なかったから。週末になると、宇都宮市内のダンスホールで演奏。一晩100円のアルバイトになった。

「最初はなかなかうまくいかなくてね。『あの坊やが吹くと踊りづらい』とよく言われました。それでも、大人のバンドでクラリネット。『ブルースの誕生』の主人公に少し近づいたようでうれしかったなあ」

そう。貞夫にとっても、「ブルースの誕生」の少年と同じく、偉大な足跡のささやかな第一歩となったのだ。

進駐軍に見たあこがれのアメリカ

16歳となって、大人たちに交じって「山内楽団」のクラリネット奏者として、週末のダンスホールで演奏するようになった貞夫。大好きなベニー・グッドマンを真似て、「これがジャズのアドリブだ」とばかりに、変則的な音階やリズムで演奏していた。

そんな1949年の夏ごろ、進駐軍の仕事の話が舞い込んできた。進駐軍回りの仕事をするためには、特別調達庁の審査を受けなくてはならない。特AからDまでの5段階の格付けがあり、それによって出演料が違うという仕組みになっていた。当然、貞夫たち山内楽団も審査に臨むことになる。査定を請け負っていたのは、音楽評論家の野川香文だった。演奏を聴いてもらった後、バンドの面々は少しでも格付けを上げてもらおうとお金を出し合い、ウナギをごちそうした。野川は「うーん、評価のしようがない」と渋い顔だったという。結果的に、「E」という枠外の格付けながら、何とか審査証を発行してもらったのだ。

週末、バスが迎えに来て、進駐軍が将校向けの社交場として接収していた鬼怒川スパホテル（現・鬼怒川温泉ホテル）へと向かう。ロビーに入ると、豪華な調度品の中、香水や葉巻の何とも甘い香りが鼻をくすぐる。まさに総天然色の米国映画の世界が広がっていた。父から借りた背広を着て宴会場に。午後6時から深夜まで。夕食時は落ち着いたムードミュージックを披露し、終わったころを見計らって、ダンス音楽に切り替えると、客席では将校や連れの女性が踊り始める。「イッツ・オンリー・ア・ペーパー・ムーン」「センチメンタル・ジャーニー」「セントルイス・ブルース」――。兵士たちが持っていたヒットキットと呼ばれる簡単な楽譜集を頼りに、当時米国で人気を集めていた曲を懸命に演奏した。

その後、日光金谷ホテルなどほかの施設にも通うようになった。まだ食料難の時代。ハンバーグやフライドチキンなど施設で出される豪華な食事が楽しみだった。貧しい日本とはまるで別の空気に触れ、貞夫のアメリカへのあこがれは膨らむばかりだった。

船村徹の場合

少々脇道にそれるが、昭和歌謡の大作曲家、船村徹の話をしたい。

村田英雄の「王将」、美空ひばりの「哀愁波止場」、島倉千代子の「東京だョおっ母さん」、細川たかしの「矢切の渡し」――。ポップス調の歌謡曲が全盛の時代にも、日本的な演歌の世界を貫いてきた船村は、1932年6月生まれで、貞夫と同学年。さらに故郷は貞夫と同じ栃木県なのだ。高校時代まで、両者の進んだ道は驚くほど似通っている。

船村は幼い頃から父の集めたクラシックのレコードで音楽に親しみ、小学校の時にはトランペットを習った。終戦後、ラジオから流れる米国のポピュラー音楽に夢中になり、友人とバンドを組み、ギターを担当。高校時代には進駐軍相手に演奏するようになり、豊かな米国に圧倒されると同時に、その恩恵にも与《あずか》った。

しかし、その後の両者は同じ音楽の道を歩みながらも、米国のジャズを追求した貞夫に対し、船村は日本古来の美学へと向かった。その話をした時に、貞夫は「お兄さんを失ったからなのでしょうかね——」とつぶやいていた。

出征した貞夫の兄・登幾雄は終戦後、戦地から家族のもとに戻って来た。一方、尊敬するエリート軍人の兄・健一をフィリピンで失った船村は、一夜にして神の国・日本から民主国家・日本へと価値観が反転したのが、心の底でどうしても許せなかったのだ。貞夫が「かっこいいな」と感じた進駐軍の行進を、船村は「大名行列とそれにひれ伏す自分たち日本人というように思えた」と、述懐していた。

高校時代には米国への憧れも抱いていた船村を変えたのは、東洋音楽学校（現・東京音大）時代に出会い、後に作詞家として船村とコンビを組むことになる高野公男の一言だった。「これからは地方が日本を支える時代になる。一緒に大衆に根差した音楽を作ろう。俺は故郷の茨城弁で詞を書くから、お前は栃木弁の曲を書け」。２０１５年、晩年の船村にインタビューした時、こう語っていた。

「この言葉は衝撃でした。兄を死に追いやった戦前の価値観は全否定されなくてはいけないのか。その源流にある日本古来の心は守らなくていいのか。戦後、漠然と抱えていた違和感の正体がはっきりと見えた気がしました。栃木弁の曲。以後、僕の音楽の礎《いしずえ》になりました」

貞夫と船村という両巨匠からじっくり話を聞き、ジャズ、演歌といったジャンルを超え、戦後の日本の大衆音楽を動かしたダイナミズムを実感せざるを得なかった。

高校生活、そして進路

音楽を中心に回るようになった貞夫の高校生活だったが、2年生の時に、宇都宮商工会議所で開かれていた英会話塾に通い始めた。国家公務員の初任給が5000円ほどだった当時、進駐軍の前で演奏すれば一晩300円稼いでいたので、月謝は自分のアルバイト代で十分まかなえたのだ。進駐軍の日系人将校が受講生とひたすら英語で対話するという実践的な内容で、進駐軍相手の仕事に行けば、その成果を発揮することができる。貞夫の英語は目に見えて上達していった。「だいたい5段階評価で3が多かった僕の成績表の中でも英語だけは5を取っていた」という。将来のためにといった明確な目標があったわけではなく、大好きな米国の曲の歌詞の意味を知りたい、ハリウッド映画のセリフを字幕なしでもわかればいいな、といった素朴な動機からだったが、結果的にこの時期から積み上げていった英語力が、プロになってからの活動の大きな助けとなった。

高校3年になると、たびたび上京し、新橋のダンスホールに、人気のビッグバンド、ブルーコーツの演奏を聴きに行ったりしていた。そんな時、貞夫の心をとらえたのが、サックスだった。ビッグバンドでは花形楽器で、その豪快な響きに魅了されたのだ。

「一晩300～500円ほどのバンドの稼ぎじゃあとても買えない。思いあまって、父から拝借しようと、押し入れに隠してあった札入れをあさっていたら、背後に人の気配が。振り返ると、父が『何やってんだ』とにらんでいる。『ちゃんとお札があるか数えていたんだ』と苦しい言い訳に、さんざん叱られました」

それでも、父は東京・神田の楽器店まで一緒に出かけ、貞夫の所持金では足りない分を出してくれた。手に入れたのは2万4000円の国産メーカー、タナベのアルトサックス。「うれしかったですね。その金色の輝きは今も鮮明によみがえります」と振り返る。

高校卒業も近づき、進路を決める時期になった。家業の渡辺電機工業所を継ぐために、工業高校に進学したのだが、音楽活動への思いは募るばかり。一生のうち1回はやりたいことに思う存分取り組みたいと思った。ある晩、ついに父の勝三に、「東京でジャズの仕事をやりたいんだ」と切り出した。難しい顔をしていた父は、「そんなに好きならいいだろう。ただし2年間だ。それでだめなら家に戻れ」と、期限付きで許してくれた。

バンド仲間の知人が、貞夫の働けるバンドを探してくれ、卒業式の終わった1951年3月、「仕事あり」の電報をもらい、ついに上京することになった。

第3章　ジャズで生計を立てる

飽くなき探求心

1948年夏、18歳の秋吉敏子は、親元を遠く離れ、単身で上京した。母の知人宅に間借りし、まずは、福岡時代のバンド・リーダー、山田竜太郎に紹介してもらったドラマーの生駒徳二のバンドに加わった。ここでの仕事は、最初、米軍基地で行われるマジック、ジャグラー、ダンスなど、ショーの伴奏だった。バレエに合わせ、クラシックの曲を弾くということもあり、必ずしもジャズを追求できたわけではなかったが、ショーは楽しく、見るものは新鮮だった。

その後、森亭ビッグバンド、東京ジャイブ、ブルーコーツ、ゲイスターズ、シックス・レモンズといったバンドを渡り歩き、次第に名前を知られる存在となっていった。進駐軍回りのミュージシャンの報酬が良かったこともあり、生活は安定し、上京の翌年には自室にピアノを購入した。「うれしくて、うれしくて。毎朝、間借りしていた家の方が皆起きたのを見計らって、ピアノを弾き始めていました」と振り返る。

米軍クラブやダンスホールでの仕事の合間には、東京や横浜にあるジャズ喫茶に入り浸り、レコードを聴きあさり、気に入った曲を採譜する。中でもレコードコレクションの充実していた横浜の「ちぐさ」はお気に入りで、店主と気が合ったこともあり、毎晩のように通ったという。

「採譜のため、いくつかの曲を繰り返し聴いたから、その店のレコードコレクションは部分的にすり減っていたと思います。気に入った曲は片っ端からコピーしました。例えばスタン・ゲッツのサックスソロなど、ほかの楽器のパートもピアノで弾きましたね。とにかくむさぼるようにジャズを吸収していました」

もう一つ、彼女の音楽の糧となったのが、来日した本場のジャズ・ミュージシャンとの交流だった。50年に朝鮮戦争が勃発したこともあり、進駐米軍関係者の慰問に本国から訪れるようになった。そんな中で、敏子が初めて触れた本場の一流のジャズが同年に来日したレス・ブラウン楽団だった。会場となった横浜のルー・ゲーリック・メモリアル・スタジアム（後の平和球場。その跡地に現・横浜スタジアムができた）には日本人は入れないことになっていたが、混雑に紛れて忍び込んだ。初めて生で聴く本場のジャズのスケール感に圧倒され、自分たちのジャズがこぢんまりしていたことを痛感した。

「進駐軍キャンプ回りの仕事がたくさんあった当時の日本では、楽器ができたら何とか食えるという恵まれた状況で、向上心や探求心に欠ける奏者が少なくなかった。層が厚く、常に自己研鑽しなくては、生き残っていけない米国ジャズ界の底力を思い知らされました」

敏子は何と、終演後の楽屋にも押し掛けた。そして、ピアニストのジェフ・クラークソンに、つたない英語で自分もピアニストであることを伝え、チャーリー・パーカーの曲をスキャットで歌い、アピールした。楽団員を東京に送り届けるバスに首尾よく同乗し、何と「間借りしている家に来てピアノを弾いてくれませんか」と頼み込んだ。クラークソンはその願いを聞き入れた。家人も巻き込み、ギャラリーが願うまま、彼は朝までピアノを弾いてくれたという。「本場のジャズを学ぶ絶好の機会。こちらも必死でした」と笑うが、この無鉄砲とも言える行動力は、間違いなく彼女を前進させる動力になっていた。

その頃、敏子はバド・パウエルのレコードを聴き、衝撃を受けた。

「単に技術云々なら、オスカー・ピーターソンの方が上なのでしょうが、サックス奏者のチャーリー・パーカーの影響を受けたパウエルには、一聴しただけで彼だとわかる強烈な個性があった。特にリズム感満点の左手の刻みは素晴らしい。パウエルのように弾くことが、いつしか目標になりました」

翌年、オスカー・ペティフォード率いる楽団が来日した時も伝手《つて》を頼って、ライブを聴き、楽屋を訪ねた。その晩、敏子には所属していたゲイスターズの銀座のクラブでの仕事があったが、当然開演には間に合わない。埋め合わせとばかりに、ペティフォードや楽団員を銀座のクラブに引っ張っていき、カンカンになっていたゲイスターズの面々の怒りを鎮め、一緒に演奏した。

そして敏子は、本書冒頭にあるように、シックス・レモンズに移り、さらに自身のバンド、コージー・カルテットを結成。渡辺貞夫と出会うことになるのだ。

２年間の期限

「２年たってものにならなければ、宇都宮に戻り、家業を継ぐ」という約束で、渡辺貞夫は１９５１年春に上京した。

宇都宮の仲間の紹介で、銀座のダンスホールで演奏するバンドに加わった。そこで演奏していると、すぐに別のバンドから声がかかった。地方とはいえ2年間進駐軍相手の仕事を重ねてきた貞夫の力量は、東京でも十分に通用した。最初数か月はバンドを転々としながら、ステップアップを図った。

「バンドの仕事がない日は、夕方に東京駅の乗車口に楽器を持って行くのです。進駐軍のマネージャーが『サックスとトランペットいないか』などと、奏者を募っている。そこで雇われて、立川や府中のキャンプまでトラックに乗せられ、急造バンドで演奏するわけです。とにかく仕事はいくらでもありました」

こんな調子で、上京してしばらくすると、月に2万円ほど稼いでいた。高卒の初任給が5000~7000円という時代だから、ほどなく居候していたいとこ宅を出て、世田谷区三宿《みしゅく》で下宿暮らしを始めた。

当時、渋谷の道玄坂に「フォリナーズ・クラブ」という進駐軍クラブがあり、毎晩のように日本の一線級の奏者が、ジャズの最先端の様式、ビバップを演奏していた。貞夫は六本木での仕事が終わると、歩いて店の前まで行く。漏れてくる音を聴き、覚えた旋律を口ずさみながら、家まで歩いて帰るのが日課だった。

「ある晩、僕の好きなスタンダード曲が始まり、ついに我慢できなくなって、クラリネットを抱えて、飛び入りしてしまいました。つまみ出されるかと思ったら、僕の演奏はそこそこ気に入られたようで、その後店に出入りするようになりました」

そこで親しくなったギタリストの松本徳章の紹介でベース奏者の榎本兼保率いるオクテット（八重奏団）に参加し、ビバップに本格的に取り組むことになった。ただ、楽器は独学だったので、譜面を読むのが苦手だった。すぐに、「あれはだめだ」などという他のメンバーの声が聞こえてくる。先手を打って、榎本に「2週間時間をほしい」と頼み込み、譜面を持ち帰り猛練習。おかげで、解雇は免れたという。

51年10月から、オクテットは、進駐軍の高級将校用に接収された箱根の富士屋ホテルで演奏する仕事を得た。主にダンス音楽を演奏するのだが、将校の中にジャズ好きもいて、合間に本格的なビバップも演奏できたという。ホテルの近くの旅館に泊まり込みで、さしずめ合宿生活。昼間はホテルの宴会場を使って練習もしたが、ほかに特にやることもないので、皆で遊び回り、いたずらざんまいの日々だった。

「風呂場でおけをたたいて大声で歌ったり、屋根づたいに隣の宿をのぞいたり。ついに旅館を追い出され、別の宿に移らなくてはならないほどでした」

途中メンバーの交代もあり、第一線で活躍していたテナーサックスの宮沢昭が合流した。他のメンバーが遊びほうけている間も、一人黙々と練習している宮沢を見て、「僕ももっとちゃんとしなければ」と反省した。

同世代のサラリーマンの約3倍の月額2万2000円の報酬に、宿舎とステーキなどの豪華な食事付きという好待遇ながら、都会から離れた箱根暮らしに次第に飽きてくる。1年ほどで、東京に戻った。

「父と約束した2年の期限は迫っていたが、毎月1万円ずつ仕送りしていたので、実家に戻る気はなかった。親も黙認でした」

東京では、榎本オクテットのギタリスト、松本徳章らとジャフロを結成。横浜・馬車道の「ハーレム」という進駐軍クラブに出演するようになった。そこで、敏子との出会いを果たすのだった。

コージー・カルテット

「本格的なビバップを追求するバンド」をと、秋吉敏子が結成したコージー・カルテットは、メンバーの病気で短命に終わる。しかし、捲土重来、渡辺貞夫を加えた布陣で、

1953年に再出発した。

当時のジャズバンドは、仕事のある時だけ集まり、ない時にはメンバーがそれぞれの仕事をこなすというのが珍しくなかった。必然的にメンバーの出入りや代役の起用が頻繁に起こった。しかし、自らが信じるジャズを実現できるメンバーを集めた敏子はそれを避けるため、仕事の有無にかかわらず、月給制を敷いた。その代り、コージー・カルテットの仕事を最優先することを求めた。需要のあるダンス音楽やディナーミュージック（食事中のBGM）を拒めば、仕事は限られる。メンバーが空いた時間に別の仕事を入れ、稼ぐのは自由だが、リーダーが空き時間にする仕事は、メンバーの給与に消えることもある。

「やりくりは大変でした。メンバーの給料を払うため、自分の着物を質に入れてしのぐこともありました。当時、東京で同居していた母は、『そこまでしないといけないのか』と嘆いていました。それでも自分の選んだ曲や、少なかったけれど自分の作った曲を、誰に気兼ねすることなく、好きに演奏できるのは幸せでした」

そんな敏子を見て、貞夫は「バンド・リーダーは何て大変なんだ」と思ったが、後に同じような苦労をすることになる。

貞夫にとって、あこがれの存在だった敏子は、優しくも厳しいリーダーだった。練習場は敏子の大森の自宅。練習が終わると、よく手料理をふるまってくれた。加入して間もないある晩のステージで、敏子は「次はこの曲をやりましょう」と言って、チャーリー・パーカーの「ムース・ザ・ムーチェ」の楽譜をメンバーに配った。「テンポの早い難しい曲で、初見で吹くのは当時の僕には厳しく、最初の2小節でつっかえてしまった。舞台の上で、『あなたプロでしょう。譜面も読めなくてどうするの』と叱られた時には、落ち込みましたね。逆にいい演奏をした時には必ず褒めてくれました」

敏子と貞夫の共演

敏子との共演で貞夫は着実に成長していった。

師・林リリ子

駆け出し時代の貞夫にとって、音楽の師として忘れ得ぬ恩人が、クラシックの名フルート奏者、林リリ子だった。

1955年頃、かわいらしい音色に引かれ、フルートをやってみようと思い立った貞夫は、知人を介して、指導してくれる人を探した。紹介されたのが、何とクラシックの第一人者の林だった。「とにかく厳しい先生で、満足に練習できなかった時など、週1回のレッスンに通う足取りが重かったのを覚えています」と話す。

習い始めて1~2か月後、コージー・カルテットでNHKラジオに出演した時、貞夫は「ジャンゴ」という曲でフルートを吹いた。ところが、それをたまたま聴いていた林は、「あんなひどい音で演奏するなんて、とんでもない。今後、私が許すまで、人前で演奏しないでください」と、貞夫を厳しく叱ったという。

それでも、音楽はずっと独学だった貞夫にとって、楽譜の読み方をしっかり教わったのは、初めての経験だった。レッスンは、貞夫が62年に米国留学する直前まで続いた。

第4章　黄金時代の主役たち

日本ジャズの黎明と戦争

敏子や貞夫が上京した頃は、いわゆる進駐軍ジャズの時代だった。その前史となる日本のジャズ黎明期を振り返ってみよう。

ジャズは19世紀末から20世紀初頭に、米国南部（ニューオーリンズが発祥の地と言われる）で黒人の手によって、アフリカ音楽と西洋音楽を融合して生まれた。１９１７年、米国で歴史上初めてジャズと銘打ったレコード「馬車屋のブルース」が録音された。それは、米南部のローカルな音楽として始まったジャズが、米国全土に認知される音楽となったことを意味する。

日本には20年頃、ジャズが伝わっていたと言われる。太平洋航路の客船の専属バンドが米国でジャズに触れ、楽譜を持ち帰り、演奏したほか、米国に遊びに行った上流階級の子弟が譜面を持ち帰るという事例もあったようだ。20年代初頭には日本初のプロのジャズバンドと言われるラフィング・スターズを結成したバイオリニストの井田一郎が活躍。浅草オペラの人気者・二村定一《ふたむらていいち》が独自の唱法を編み出し、ジャズを歌い、同じ浅草オペラで後に喜劇王と呼ばれるエノケンこと榎本健一も日本流ジャズソングを披露している。昭和に入った頃、上海租界のナイトクラブで腕を磨いたドラマーの山口豊三郎、やはり上海でジャズを学んだ日本ジャズ草創期の巨人でトランペット奏者の南里《なんり》文雄、スイング・グループを率いたドラマーの奥田宗宏らが頭角を現した。34年にはディック・ミネが米国のジャズの名曲「ダイナ」を自ら訳詞して歌い、大ヒットさせた。またこの時期、ティーブ釜萢《かまやつ》やベティ稲田ら、米国生まれの日系人歌手の活躍も見逃せない。

30年代にはジャズに加え、ハワイアンの灰田勝彦、ブルースの淡谷のり子ら、米国のポピュラー音楽をベースとするスターが存在感を発揮し、和製洋楽の文化が花開いた。しかし、戦時体制の下、外国音楽は下火となり、太平洋戦争が始まると、ジャズは敵性音楽として、放送や演奏されることがほぼなくなってしまった。戦争によって、日本のジャズは中断を余儀なくされたのだ。

敗戦で花開いたジャズ

さて、1945年8月の敗戦によって、ジャズを取り巻く状況は一変する。進駐軍が全国各地に駐留し、今も残る米軍基地のほかに、様々な施設を接収して利用した。総司令部が置かれた第一生命館など丸の内のオフィスビル群、甲子園球場や神宮球場、日比谷公会堂などが有名だが、各地の一流ホテルも、進駐軍専用となった。ほかにもいわゆる米軍キャンプと呼ばれる駐屯地、その近くで営まれた米兵クラブ。そこでは、兵士やその家族のために、夜な夜な様々な余興が繰り広げられた。音楽はその中核にあった。

進駐軍のために演奏する楽団の需要は多く、都市部ではアマチュア奏者をその日の進駐軍キャンプの娯楽用にかき集め、急造のバンドに仕立て上げる手配師のような人もいた。戦後の混乱期で、まだ食べるものにも事欠く時代に、とりあえず楽器が弾ければ、高額の報酬にありつくことができる。米国ではジャズの全盛期。仕事にありついた奏者は、ジャズを習得する。そういった環境が、日本のジャズの基礎を築いていく。

皮肉なことに、この進駐軍ジャズの中核を担ったのは、旧日本軍の軍楽隊の面々だった。シャープス&フラッツの原信夫（サックス）、ニューハードの宮間利之（サックス）といった日本を代表するビッグバンド・リーダーに加え、サックスの与田輝雄、海老原啓一郎、トランペットの松本文男ら実力者を輩出している。

軍楽隊については、43年に16歳で海軍軍楽隊に入隊した原がこう語っている。

「僕の同期は90人。入隊するとまず、楽器ごと班に分かれて常に競争ですよ。寝るのはハンモックだが、その設置や片づけも競争。下位になると殴られる。軍事教練と基礎練習で3か月。そこから本格的に音楽を学ぶわけですが、実技、座学と音楽漬けで、試験も頻繁にある。成績が悪いとまた殴られる。とにかくスパルタで鍛えられ、1年で配属になる。僕は横須賀の連合艦隊司令部付きとなりました」

終戦を迎え、いったん故郷の富山に戻った原がジャズの世界に入ることになったのも、軍楽隊の縁だった。終戦後の46年春、上京して帝国劇場専属オーケストラの入団試験を受けたが、試験を終え、劇場を出たところで、軍楽隊時代の友人とばったり会った。

「入団試験のことを話すと、『クラシックなんかやっても食えない。これからはジャズだ。進駐軍の仕事はもうかるぞ』と言って、彼のバンドのたまり場まで引っ張って行かれた。メンバーは軍楽隊上がりの奏者と歌手。そのまま横須賀の米兵用ダンスホールの仕事をしました。ジャズって言葉ぐらいは知っていたが、実際どういう音楽なのかわからない。譜割りなんかクラシックと全然違う。ジャズなんか知らないのに、見よう見まねでジャズを吹いている。それが始まりでしたよ」

原のようなケースは決して珍しくなかったはずだ。

軍楽隊出身者以外にも、戦前組の南里文雄（トランペット）、渡辺弘（サックス）、ディック・ミネ、さらに、若手のジョージ川口（ドラムス）、松本英彦（サックス）、渡辺晋（ベース）、宮沢昭（サックス）らが終戦後のジャズ界を彩った。

ジャズ黄金時代

そんな1950年代はジャズの黄金時代だった。火付け役となったのが、52年、米軍の慰問ではなく、日本人のために、米国の大物ドラマー、ジーン・クルーパ率いるトリオが来日したことだった。日本のファンにとって、これまでレコードでしか知らなかった本場の一流どころの生のステージに触れる初めての機会だった。翌年には、敏腕プロデューサー、ノーマン・グランツが編成したオールスターバンド、ジャズ・アット・ザ・フィルハーモニック（JATP）がやって来た。エラ・フィッツジェラルド、オスカー・ピーターソン、レイ・ブラウンをはじめ、錚々《そうそう》たる顔ぶれで、羽田空港から銀座まで、オープンカーでパレードしたという。この年にはルイ・アームストロングもやってきた。

その53年、ドラマーのジョージ川口率いるビッグ・フォーが結成され、大旋風を巻き起こした。「レイモンド・コンデとゲイ・セプテット」の川口、小野満《みつる》（ベース）、「渡辺晋とシックス・ジョーズ」の松本英彦（サックス）、中村八大（ピアノ）という、人気バンドのスタープレーヤーが結集した、いわばスーパーグループで、絶頂期には後楽園球場や西宮球場でコンサートを開き、満員にするほどだった。

当時、その西宮球場でのライブを見たジャズ評論家の児山紀芳《こやまきよし》はこう述懐する。

「小野、松本、中村が登場した後、川口が野球の救援投手が乗るカートに乗って現れる。本塁、一塁、二塁、三塁のベース上付近にそれぞれの楽器が配置され、そこで演奏するという趣向でした。とにかく派手だったことを覚えています。当時の音響機器では満足に音は聞き取れなかったが、会場は熱狂の渦に包まれました」

今では信じられないことだが、ジャズは大衆に熱く支持されていたのだ。同時に女性ファンが追い掛け回すアイドル的な人気も併せ持っていた。慶応大学を中退し、南部三郎や小野満のバンドで活躍していたクラリネットの第一人者、北村英治がこう語っている。

「コンサートでは女性の黄色い声が響き、終演後は楽屋口に出待ちの女性ファンが押し寄せる。警備員がファンをかき分け、通り道を作ってくれ、僕らはそこを足早に進んでタクシーに乗るわけですが、その横から花束やぬいぐるみなどプレゼントを手渡してくる。もっとも、50年代後半にロカビリーがブームになると、若い女性ファンはサーっといなくなってしまいましたが……」

ジャズと歌謡曲

進駐軍ジャズは戦後の歌謡界に多大な貢献を果たしている。フランク永井、江利チエミ、ペギー葉山らは、進駐軍回りから歌謡曲に転じ、大成功を収めている。

例えば1952年に18歳でレコードデビューした葉山は、59年、「南国土佐を後にして」を大ヒットさせ、歌謡界での地位を確固たるものにした。望郷の念が描かれたこの曲は、戦地で高知の部隊によって自然発生的に歌われ、復員兵によって高知にもたらされ、地元に定着していた。「南国土佐――」について、葉山はこんなエピソードを語ってくれた。

「NHK高知放送局のテレビ放送開始記念番組に出演することになったのですが、NH

Kのディレクターにこの曲を歌ってほしいと頼まれました。『民謡調の曲なんて歌ったことがないので、私には無理』と断ったのですが、彼は執拗に食い下がり、『せめて来場したお客さんのため、放送がない時間に歌ってほしい』というので、渋々承知しました。ところが会場入りしたら、放送中に歌うスケジュールになっていた。『やられた』と思った時は手遅れでした。放送後、反響が殺到し、レコーディングすることになり、気が進まないままに録音したのですが、これが大ヒット。私の代表曲になりました。結果的にジャズの枠を超え、自分の音楽の幅を広げてくれたわけです」

葉山には何度も取材する機会に恵まれたが、からっとした人柄で、よく通る声とテンポのいい語り口が印象的だった。彼女の自宅でインタビューした時には、「知人が送ってくれたんだけれど、これすごくおいしいから」と、高知の栗焼酎「ダバダ火振」を振る舞ってもらい、いい気分でやり取りしたこともあった。

葉山は2017年4月に83年の生涯を閉じたのだが、そのわずか2か月前に取材し、年齢を感じさせないはつらつとした姿を見ていたので、突然の訃報には言葉を失った。その最後のインタビューでは1982年に45歳の若さで亡くなった江利のことを話してくれた。

「チエミさんと私はともに52年にキングレコードからデビューしました。10か月早くデビューした彼女は、私がデビューした時にはすでにスターになっていましたが、同じ進駐軍回りをしてきたジャズ歌手として負けたくない思いは強かった。彼女の存在があったからこそ、私は頑張れた。少なくとも私にとってはいいライバルでした。同時にいい友達でもありました。会えば、他愛のないおしゃべりをしていましたよ」

敬愛する米国の名歌手、ドリス・デイとのエピソードも披露してくれた。

「とにかくあこがれの存在で、私のデビュー曲が彼女のレパートリーだった『ドミノ』だったことは、本当にうれしく、何か運命的なものを感じたほどでした。でもね、後年、彼女と初めて会った時に、私はあなたが歌っていた『ドミノ』でデビューしたって伝えたら、『あら、私、そんな曲歌ってたかしら』だって。私にとっては、大切な曲だったのにね」

いつもの気さくな様子で笑いながら話してくれたのが、今でも目に浮かぶ。

歌謡界への貢献は、歌手に限らずだ。ビッグ・フォーの中村八大は、作曲家として、作詞家・永六輔とのコンビで、坂本九の「上を向いて歩こう」、梓みちよの「こんにちは赤ちゃん」、北島三郎の「帰ろかな」などのヒット曲を生んだ。先にも述べたが、50

年代の人気バンド、シックス・ジョーズを率いた渡辺晋（ベース）は、渡辺プロダクションを設立し、伊東ゆかり、小柳ルミ子、キャンディーズ、布施明ら数多くの才能を育て、芸能界に一大帝国を築いた。

原信夫率いるシャープス＆フラッツは60年代に5年ほど美空ひばりの専属バンドを務めたが、この縁で原は、67年にひばりが歌う「真赤な太陽」を作曲、大ヒットさせている。

「おかあさん（ひばりの母でマネージャーの喜美枝）に『お嬢（ひばりの愛称）に曲書いてよ』と言われ、最初は演歌風の曲を作ろうとしたんですが、どうしてもありきたりになっちゃう。締切が迫って、もう開き直って、ジャズのやり方で書いたんです。録音が終わってからお嬢が笑いながら、『塚さん（原の本名は塚原で、こう呼ばれることが多かった）、これ私の曲じゃないわね』。僕は『お嬢何言ってんのさ。ジャズのリズムなんてお手のものでしょう』って答えたんです。お嬢は笑っていましたけれど」

演歌から洋楽まで、あらゆるタイプの曲を歌いこなしたひばりならではの逸話だ。

少々脱線するが、北村英治からこんな話も聞いた。ひばりのコンサートでは、ジャズを歌うコーナーがあり、50年代後半、その伴奏を当時在籍していた小野満とシックス・

ブラザーズが担当していた。沖縄で公演した時のことだった。メンバーの一人がジュリー・ロンドンのレコードを聴いていたら、ひばりが「これいいじゃない」と興味を示した。中でも「クライ・ミー・ア・リヴァー」を気に入り、「明日のステージでやりましょう」ということになった。さあ、バンドは大変だ。予定外のリハーサルで、何とか演奏できるようにはなった。

翌日のリハーサルで、英語を話せないはずのひばりが見事に仕上げてきたのにびっくりしたという。さて無事、本番を終えた後、公演を聴いていた米軍の将校（当時沖縄は米国の占領下にあった）が、ひばりの歌が素晴らしかったので、会いたいと言ってきた。バンドの中では英語が得意だった北村が「彼女は疲れているし、英語もできないので勘弁してほしい」と言ったところ、その将校は「嘘を言うな。彼女は完璧な英語で歌っていたじゃないか」と怒り出したという。進駐軍ジャズの時代には、こんな愉快なエピソード（聞いたけれど、とても書けないことも含め）がたくさんあるのだ。

守安祥太郎とモカンボ・セッション

進駐軍ジャズの時代を彩る才能として忘れてならないのが、ピアニストの守安祥太郎だ。1924年生まれで、クラシックピアノを学び、慶応大学卒業というエリート。50年前後からジャズ界に進出、音楽理論に精通し、当時のレコードをほぼ完璧に採譜して、日本にビバップを伝え、自らもそれを実践した先駆者だった。縁なしの眼鏡に仕立てのいいスーツを着こなしたビジネスマンのような風貌は、当時のジャズ界では異彩を放っていたが、自らの知識を惜しみなく教える気さくな人柄は、「お兄ちゃん」と呼ばれ親しまれていた。

渡辺貞夫は、秋吉敏子のコージー・カルテットに加わった53年ごろ、ジャズ・ミュージシャンのたまり場だった東京・有楽町のジャズ喫茶「コンボ」で、守安と出会った。その守安についてこう証言する。

「米国の名手バド・パウエル風のスタイルで、とにかくうまい、というよりすごかったですね。学究肌の理論家だが、気さくで面倒見がいい。『貞夫、これを練習してごらん』と守安さんから言われて借りた楽譜を通して、僕はサックスの巨匠、チャーリー・パーカーを深く知り、その信奉者になっていきました」

守安が残す唯一の音源が、54年7月の横浜のナイトクラブ、モカンボでのライブ録音。当時の若手が、「先端的なジャズを演奏できる場を」と、店に頼み込み、深夜に何度か

伝説のモカンボ・セッション
行われたセッションの一つを収録した、日本のモダンジャズ草創期の貴重な記録だ。

当日は、守安、ギタリストの沢田駿吾、進駐軍にいたピアニストのハンプトン・ホーズ、そして敏子に貞夫ら名だたる奏者が集まった。これも貞夫の証言。

「ハナ肇さんが司会を務め、早く舞台に上がりたいミュージシャンを、『次は誰だ』などとさばく。入れ替わり立ち替わり奏者を変え、日が高くなるまで10時間以上、延々と続きました。僕もソロを吹きまくっていました。草創期の日本のジャズの熱さがあったと思います。その中でも守安さんは光っていました。間違いなく日本最高峰のピアニストでした」

原信夫とシャープス&フラッツは、この時期、守安の手によるオリジナル編曲を演奏していた。その原が言う。

「彼の家に行くと、玄関に砂を入れた箱がある。『これは何だ』と聞くと、『ジャズ・ピアノはタッチが強くないといけない。これを叩いて指を強くするんだ』と言っていました。一風変わったところのある男でした」

モカンボ・セッションから約1年後の55年9月、守安は山手線に飛び込み、自らの命を絶った。享年31歳だった。もし、その後も長く生きていれば、日本のジャズ史はどう変わっていたのだろう。そう思わせる天才だった。

第5章　シンデレラガール

初アルバムが米国発売

1953年10月、日本のジャズクラブの走りといっていい銀座の「テネシー・コーヒー・ショップ」がオープンした。当時大人気だった渡辺晋のシックス・ジョーズがステージをまかされた。その渡辺が敏子に、「夜を俺がやるから、昼は秋ちゃんが好きなことやっていいよ」と仕事を回してくれた。敏子は宮沢昭（テナーサックス）、海老原啓一郎（アルトサックス）らと組んだクインテットで昼の部をこなし、夜はコージー・カルテットを率い「ニュー銀座」というクラブで演奏していた。

そのテネシー・コーヒー・ショップのオープン間もない11月、米国のプロデューサー、ノーマン・グランツが率いるJATPが来日公演を行った。その一員のオスカー・ピーターソンが、この店にやって来て、敏子たちの演奏を聴いた。1曲終わって、2曲目を

ＪＡＴＰのメンバーと録音中の敏子

披露している時に、ピアノのところに歩み寄り、「夜もどこかでやっているか」と聞いた。思わぬ展開に心臓が爆発しそうだったが、場所と時間を伝えると、夜、コンサートを終えたピーターソンが、敏子が出演しているニュー銀座にやって来た。自らもピアノを弾き、クラブは大騒ぎ。終わると、敏子に「話があるから、明日午後、ホテルに来てほしい」と告げた。

　翌日、敏子がホテルに行くと、ピーターソンはグランツを呼んで、敏子のピアノを絶賛し、「彼女のレコードを出すべきだ」と訴えた。グランツは「君が勧めるのだから、私があれこれ言うことはないだろう」とあっさり承諾。何と、その場でレコーディングが決まってしまった。約1週間後、ラジオ東京（現ＴＢＳ）の有楽町のスタジオで、2日にわたり放送が終わった深夜に収録が行われた。レイ・ブラウン（ベース）やハーブ・エリス

（ギター）、J．C．ハード（ドラムス）と、JATPの錚々たるメンバーが伴奏を務めた。

「私は緊張でガチガチでした。私をリラックスさせようと、ハードが『オスカー・ピーターソンは、いつも朝食に卵を7個も食べるんだ。信じられるか？』なんて軽口をたたいてくれました。自分の曲も2曲入れました。もっとも、うち1曲の『トシコズ・ブルース』は敬愛するバド・パウエルの弾いたフレーズをアレンジしたものなので、私の曲とは言い難いのですが」

敏子にとって初となるこのアルバムはグランツが経営する米国のレコード会社から発売された。「米国に行ったこともないのにと、何とも不思議な気持ちでした」と言う。ただこのことが、敏子の「米国に行きたい」という気持ちに火をつけた。

「元々、井の中の蛙にはなりたくないという気持ちはあったが、このレコーディングで、米国行きは夢から目標に変わりました。傲慢に聞こえるかもしれませんが、当時の日本には私が学ぶべきジャズ・ミュージシャンはいなかった。だから、いつもレコードで聴いている本場の音楽家たちと演奏したかった。ジャズでは、自分がうまくなるためには、自分より優れた音楽家と一緒にやることが必須なのです」

米国留学

米国行きを望んでいた敏子に、親しくしていた在日米軍所属のボストン出身のギタリストが、「バークリー音楽院に手紙を書いてみては」と勧めた。敏子はバークリーに入学を望む手紙を書いたが、その時は音沙汰がなかった。しばらく時が経って、日本で発行される米国人向け新聞のカメラマンが、「ノーマン・グランツから君の写真を撮ってほしいと頼まれた」と言い、敏子を訪ねて来た。よく事情が分からぬまま、一張羅の黒いスーツを着て、撮影したところ、数か月後にグランツから、音楽誌「メトロノーム」が送られてきた。その時の写真が入った極東のピアニスト敏子を紹介する２ページの特集記事が掲載されていた。

それから間もなく、バークリーから、入学許可と学費免除を知らせる手紙が届いた。

「現金なものですね」と敏子は笑う。そして、こう続ける。

「当時のバークリーは学生３４０人ほどの小さな学校でした。学校の宣伝のために、私はうってつけだったのでしょう。アジア人がジャズをやるというだけでも物珍しい時代に、米国内でも数少ない女性奏者。さらに米国の一流レコード会社からレコードも出ている。授業料を免除してもメリットがあると思ったのでしょう。学校が身元保証人にもなってくれました。私にとっては、破格の厚遇。願ってもいない話でした。でも渡米してわかったのですが、有り体に言えば、私は宣伝用に呼ばれたわけです。でも夢はかないました」

1956年1月、学校のある米国・ボストンに渡った。到着日の夜、市内のジャズクラブ「ストーリーヴィル」には、自身のアイドルだったピアニスト、バド・パウエルが出演することになっていた。長旅の疲れも忘れ、駆け付けると、共演のドラマーは、朝鮮戦争に従軍し、休暇で来日した時に知り合ったエド・シグペンだった。「奇遇ですね」と声をかけると、シグペンは喜んで、敏子をパウエルに紹介した。ライブが始まると、ステージに上げられ、演奏させてもらった。それを聴くパウエルは手をたたきながら大喜びしていたという。

「東洋から来た小娘が自分そっくりの演奏をしたのに驚いたのでしょうね。それにしてもボストン初日にパウエルと共演できるとは。運命的なものを感じました」

かくして、今も続く敏子の長い米国生活が始まった。

恵まれたスタート

バークリー音楽院で、敏子は最初から学生と言うよりはプロの音楽家として期待されていた。学校は、ニューポート・ジャズ・フェスティバルの主宰者として有名なジョージ・ウェインを敏子のマネージャーにつけ、すぐに仕事が決まった。こうして月～金曜の昼はバークリー音楽院に通い、木～日曜はボストンのライブハウス「ストーリーヴィル」に出演するという生活が始まった。この年の夏、ウェインのレコード会社から2枚のアルバムを出し、ニューポート・ジャズ・フェスティバルにも出演した。まさに順風満帆のスタートとなった。ただ、活動はすべて学校が仕切り、ライブの時には、「トシコ・アキヨシ・フロム・バークリー・スクール・オブ・ミュージック」とクレジットされた。敏子に仕事の決定権はなく、それで残念な思いをしたこともあった。

「ノーマン・グランツが、私とレイ・ブラウンの共演アルバムを出したいと申し込んだのですが、学校はそれを断ったんです。理由は『グランツの仕事は、報酬が少ない』。こっちはお金を払っても受けたい仕事だったのですが。もう一つは、オスカー・ピーターソンが、『ニューヨークの（名門ジャズクラブ）バードランドに出演するビッグバンドでピアノを弾かないか』という話を持ってきてくれたんですが、これもダメでした。

バークリーが『トシコのニューヨーク・デビューは、彼女のリーダーという形でやりたい』という意向だったためです」

とは言え、米国のジャズ・ミュージシャンが何年もかかってたどり着く場を、渡米と同時に用意されていた敏子が恵まれていたのは間違いないだろう。

ニューヨークへ

1959年、敏子はバークリー音楽院を卒業した。彼女は卒業後、日本に帰り、米国で学んだ成果を伝えたいと考えていた。

「でもこれが成果だと胸を張れるものを身に着けている自信がなかった。もう少し学びたいと思ったのです。世界のジャズの中心地と言えるニューヨークでもうしばらく研鑽を積むことにしました」

ほぼ同時期に、敏子はバークリーの教師を務めていたサックス奏者のチャーリー・マリアーノと結婚した。結果的にこれが米国定住につながった。そして、トシコ＝マリアーノ・カルテットという双頭グループを結成した。

「当時私のエージェントは、私がリーダーのグループでやってほしいと、カルテットには反対でしたが、私は、結婚した以上、別々に活動するのは良くないと考えていました。ただ、バークリー時代のように、学校が私を盛り立ててくれ、優遇されていた状況は終わりました。その他大勢の奏者として、厳しい競争にさらされることになりました」

　そんな60年に作ったのが、「ロング・イエロー・ロード」だった。今も必ずコンサートで演奏する、郷愁に彩られた彼女の代表曲だ。

「故郷・満州の土けむりの道の思い出と、黄色人種の私がこれから遠く険しいジャズの道を歩む決意を重ねて作曲しました。『これを聴かないと、秋吉のコンサートに行った気がしない』と言われるようになり、必ず演奏していますが、自分のジャズ人生を象徴する曲だと思っています。演奏するたびに、『今も長く黄色い道を歩んでいるんだ』と、初心に引き戻してくれます」

　それまでのような優遇が得られなくても、敏子にとって、ニューヨークは魅力的な街だった。

「名だたる奏者が集まる世界最高のジャズ学校。だから、ずっとここでやっていきたいと思いました。帰国して、母や姉と会い、落ち着いて何日か過ごすことはあっても、いい音楽を作り出せるのは、ニューヨークだと思っていました」
シンデレラの時は終わり、敏子は試練の時を迎えることになる。

第6章 「ナベさん、バークリーで勉強してみない？」

バンド・リーダー

1956年、秋吉敏子が留学のため渡米し、コージー・カルテットのリーダーの座は渡辺貞夫が引き継いだ。しかし、以前と比べるとその頃には軍関係の仕事はかなり減っていた。52年にサンフランシスコ講和条約が発効し、連合国による日本占領は終わり、それに伴い進駐軍が日本から撤収を始めていたからだ。「楽器ができれば、食うに困らない」という幸せな時代は終わり、転職を余儀なくされるミュージシャンも少なくなかった。

コージー・カルテットを取り巻く状況も厳しかった。敏子時代の月給制を維持したが、「当時の相場は月4万円ほど。それは無理だがせめて3万円と決めました。それでも3人のメンバーに月給を払うと、僕の手元には1500円しか残らない、なんてこともあったなあ」と苦笑する。

そんな中、貞夫に当時のスターバンド、ジョージ川口率いるビッグ・フォーから声がかかった。月給10万円という破格の待遇だった。「ビッグ・フォー・プラス・ワン」の名で全国巡業に同行し、そこで稼ぐと自分のバンドの活動に戻るという形で、苦境をしのいだ。

「ビッグ・フォーの公演は大金が動くため、地元の興行関係者の間でのトラブルもあったようです。四国のある町のコンサートでは公演中の舞台裏で興行師が銃撃されるというとんでもない事件が起こりました。『バンドの人もあぶないから、逃げてください』と言われ、あたふたと会場を後にしたこともありました」

アート・ブレイキー来日の衝撃

さて、本場米国では過度にアドリブに依存したビバップの反動から1940年代後半、構成を重視したクールジャズが生まれた。さらに50年代後半にはビバップを踏襲しつつも、逸脱を避けメロディアスなハードバップが隆盛となってくる。この流れは、ジャズ喫茶を通し、日本のミュージシャンやファンに認知されつつあった。そんな中、ハードバップの代表格であり、リズム・アンド・ブルース的な乗りの良さを備えたファンキージャズの旗手と目されていたドラマーのアート・ブレイキーが61年に初来日を果たす。これがジャズの枠を超え、後のビートルズ来日に通じる社会現象とも言える熱狂をもたらした。蕎麦屋の出前持ちまでも「モーニン」(ブレイキーの代表曲)を口ずさんだと言われるほどだった。

このブームに連なるスターが同じくドラマーの白木《しらき》秀雄だった。50年代前半から若手のホープとして活躍し、59年には女優の水谷良重と結婚。時代の寵児ともてはやされた。ブレイキー初来日時は共演を果たし、65年には自身のバンドを率い、ベルリン・ジャズ・フェスティバルに出演した。ちなみにこの時のバンドに後のスター、日野皓正《てるまさ》(トランペット)が加わっていた。しかし、白木はその奔放な性格が災いし、60年代後半から仕事に恵まれなくなり、72年に精神安定剤の過剰摂取により39歳の若さでこの世を去ってしまった。

ファンキージャズを横目に、この頃、日本ジャズ界に新たな潮流が起こる。ギタリストの高柳昌行やベーシストの金井英人を中心に先鋭的なジャズを追求する新世紀音楽研究所が設立される。その拠点となったのが、シャンソン喫茶の銀巴里《ぎんパリ》で、50年代後半から金曜日の昼間をジャズのために開放してくれたのだ。進駐軍の時代は終わっていたとはいえ、ごく一部の人気者を除き、多くのジャズ・ミュージシャンの収入源は、在日米軍回りの仕事だった。その一方で思う存分ジャズを演奏できる場は限られていた。銀巴里は若手が研鑽できる貴重な場となった。新世紀音楽研究所の試みの成果として残るのが、63年6月のライブを収めたアルバム「銀巴里セッション」だ。高柳や金井に加え、山下洋輔、富樫雅彦、菊地雅章《まさぶみ》、日野皓正の若き日の演奏を聴くことのできる、日本ジャズの貴重な記録と言えよう。

結婚

1957年9月、渡辺貞夫は貢子《みつこ》（当時は光子、後に改名）と結婚した。知り合ったのは、その4年ほど前。音楽仲間のたまり場だったジャズ喫茶「コンボ」に手伝いに来ていた活発な高校生で、常連客のアイドル的存在だったという。

「ずっと気の置けない妹のように感じていましたが、出会って3年ほどたった頃、友人が『彼女はいい女だ』と褒めるのを聞いて、なぜか嫉妬心がわいたのです。それから異性として意識するようになり、交際が始まりました。貢子は人形町生まれのちゃきちゃきの江戸っ子で、気っぷの良さが、何より魅力でしたね」

挙式後は、東京・目黒に居を構え、新婚生活が始まった。進駐軍撤退でジャズ冬の時代の中、最初は苦労をかけたという。「一時、貢子は質屋の常連でした。かつての秋吉さんの苦労を思い出しました」と言う。ただ、53年に日本でテレビ放送が始まり、音楽番組への出演やドラマの音楽制作などの仕事が舞い込むようになった。ジョージ川口のビッグ・フォーへの参加もあり、生活は安定していった。そして58年には長女の真子《まこ》も誕生した。

「貢子には何度助けられたことか。僕にはない社交性を持ち、結婚してからは、僕の自宅が音楽仲間の溜まり場となることも多く、まわりにいつも人の輪ができるようになりました。僕の音楽事務所が設立された80年からは、社長として切り盛りしてくれた。おかげで、僕は音楽に専念することができたのです」

61年、貞夫は初のアルバム「渡辺貞夫」を録音した。１曲は自作曲を入れたいと、必死に書き上げたのが「Ｍ＆Ｍ」という曲。妻と娘への感謝を込め、２人の頭文字を題名にした。ちなみに、貞夫の事務所名も「Ｍ＆Ｍ」だ。

秋吉敏子からの誘い

米国・バークリー音楽院に留学し、人気サックス奏者のチャーリー・マリアーノと結婚した秋吉敏子は、夫とともに1961年1月に日本で凱旋公演を開いた。久々の再会の席で、貞夫は思いもよらない誘いを受けた。

「ナベさん、バークリーで勉強してみない？　今なら学費免除の枠に推薦してあげられるから」

敏子はバークリー卒業時に、「私の次に日本人を奨学生として受け入れてほしい」と、学校に掛け合っていた。その結果、奨学金は出すが、保証人は探してほしいということになった。その確証が得られたところで、敏子は貞夫に声をかけたのだった。

「貞夫さんは同じ釜の飯を食った仲間。私が勝手に米国留学してしまったことで、コージー・カルテットを任せてしまった。だから恩返しをしたかったんです。私は学校の広告塔として招かれ、優遇されたことはわかっていた。でも次に行く人はそれがない。私より厳しい状況で、貞夫さんが行ってくれるなら、そのために尽力しようと思ったんです」

すでに妻子がいた貞夫は、「考えさせてください」としか言えなかった。帰宅した貞夫は貢子に話すと、「行ってらっしゃい。あとのことはどうにでもなるわ」と背中を押してもらった。貞夫は敏子に「お願いします」と伝えた。

当初は62年2月に渡米する予定で準備を進めたが、現地での保証人が見つからず、ずるずると延期となっていた。そんな時に、敏子は米国で奔走し、引き受け手を見つけた。

「あとは渡米した貞夫さん次第だと思っていました」

その後の歩みをみれば、貞夫が見事にその期待に応えたのは間違いない。

「秋吉さんがいなければ、今の僕はない」

常々こう語っている。

1961年、チャーリー・マリアーノと敏子

米国への旅立ち

1962年8月、貞夫は家族や仲間が見送る中、羽田からあこがれの米国に向けて旅立った。所持金は200ドルほど。「水杯《みずさかずき》で行く覚悟でしたね」と言う。ハワイ、ロサンゼルスを経由

しニューヨークまで1日がかり。ニューヨークの空港には、敏子が迎えに来てくれた。

その晩、敏子が参加する巨匠チャールズ・ミンガスのバンドのライブがマンハッタンのクラブ「ファイブ・スポッツ」で開かれ、貞夫も敏子に誘われ同行した。かつて敏子は留学でボストンに到着した晩、バド・パウエルのライブに飛び入りした。同じことを貞夫にプレゼントしようと思ったのだろう。休憩時間に敏子は貞夫をミンガスに紹介した。ミンガスに「じゃあ吹いてみろ」と言われた貞夫は、ステージに上がることになった。

「演奏したのは僕の知らない曲でした。ミンガスが和音の進行を叫んでくれ、それに合わせ、無我夢中に吹いたのを覚えています」

貞夫は翌日のライブにも出向いたが、その晩は、同じアルトサックスの大物奏者、エリック・ドルフィーが遊びに来ていて、一緒に舞台に上がったという。

「終演後、ミンガスが僕に『おまえこれからどうするんだ』と聞くので、『ボストンのバークリー音楽院で勉強する』と答えると、『それより、おれのバンドで吹かないか』と誘われました。社交辞令だったのでしょうが、うれしかったですね」

その後も入学までの数週間、貞夫は敏子の家に居候しながら、毎晩のようにジャズクラブに通った。トランペットの巨人、ディジー・ガレスピーや、サックスの気鋭、フィル・ウッズには、舞台に上げてもらい、共演した。渡米早々に最前線のジャズに漬かれる経験ができた。

「僕も米国でやっていけるかな、といったおぼろげな手応えをつかめたのは大きな収穫でした」

ニューヨークでの夢のような時間を終え、貞夫はボストンに向かった。まずは部屋探し。学費は免除だが、生活費は自前。なるべく切りつめなくてはならない。紹介されたのが、月7ドルのハウス・オブ・シン（罪の家）という奇妙な名前のお化け屋敷のようなアパートだった。ワンルームにシャワーとトイレは共同。オンボロだったがピアノがあったのでここに決めたという。毛布、フライパン、電熱器と、最低限の生活用品を買いそろえた。

このアパートには、ピアニストのマイク・ノックが暮らし、週末になると、彼の部屋にトニー・ウィリアムス（ドラムス）やサム・リヴァース（サックス）らが集まり、セッションの音が響く。貞夫もさっそく仲間に入れてもらった。

「今じゃ考えられないけれど、文句を言う住人もいなかったですね。いい勉強になったのは確かです」

9月。入学式には、一張羅のスーツで臨んだ。すでに29歳のいい大人だったこともあり、最初、同級生たちは、東洋から来た先生だと勘違いしたそうだ。かくして、米国での新生活は始まった。

順調なスタート

1962年9月、貞夫はバークリー音楽院に入学すると、まずクラス分けのため、アドリブやアンサンブルなど演奏技術をチェックする試験を受けた。結果、すべてのカテゴリーで一番上のクラスに編入された。日本で10年以上の実績を重ねてきたのは、だてではなかったということだろう。

授業は実践的だった。特に貞夫の糧となったのは、ハーブ・ポメロイによるジャズ理論の講義だった。それまで、レコードを参考書代わりに、独学で漠然と感じ取っていたことが、見事に理論づけられた。作曲や編曲の課題、名曲のリズムやコード進行の分析など、宿題は大量で、こなすのは大変だったが、着実に貞夫の成長を促した。

入学後1か月もたつと、200ドルあった所持金は30ドルを割り込んだ。働かなくてはならない。最初に見つけた仕事が町の教会で演奏して5ドルというもの。演奏を終えたら、仲介役の女性が、「これからデートなので、報酬は明日にして」。それっきり連絡は取れずという痛い目に遭った。次に見つけたのはカナダ国境での軍キャンプの仕事。共演する友人の車に同乗して片道7時間。米国での初の稼ぎは25ドルだった。

それから間もなく、仲間からバンドを組んで地元の人気クラブ「コノリーズ」に出演しないかと誘われた。ただ、このレベルの仕事をするためには、演奏家組合に加入しなくてはならない。大学の学長に相談すると、すぐに組合に掛け合ってくれ、登録に必要な150ドルも、分割払いでいいということになった。

組合に加入していると、最低でも週125ドルが保証される。コノリーズ出演で、貞夫の腕も折り紙付きとなり、仕事も順調に舞い込むようになった。経済的な苦境は脱し、1年しないうちに1000ドル以上の蓄えもできた。これなら、家族と一緒に生活できると、63年夏に妻の貢子と4歳になった娘の真子を呼び寄せた。

同級生の中には、仕事に恵まれず、袋買いしたジャガイモばかりを、芽が出てきてもかまわず食べるという悲惨な食生活をしている者も少なくない。それを知って驚いた貢子は、皆を家に招いて、手料理を振る舞うようになった。

ライブを通して知り合ったミュージシャンも出入りした。特にサックス奏者のウェイン・ショーターは、ボストンで仕事があると必ず貞夫宅に寄った。普段は寡黙だが、酔うと陽気になり、踊り出したという。渡辺家はにぎやかなサロンと化した。

ゲイリー・マクファーランドとの出会い

1965年3月、貞夫に大きなチャンスが到来した。バークリーの教師、ハーブ・ポメロイから「ニューヨークのゲイリー・マクファーランドがフルートとサックスを両方吹ける奏者を捜している。オーディションを受けてみないか」と勧められたのだ。

マクファーランドは、気鋭の作編曲家でビブラフォン奏者。さっそくニューヨークに飛び、オーディションを兼ねたリハーサルが行われた。

「マクファーランドはその前年に『ソフト・サンバ』というアルバムを出しているが、ビートルズの曲が収められたり、ブラジル音楽風の味付けが施されたり、斬新な作風でした。ポップス調の曲が多く、ビバップ一辺倒だった僕は、戸惑ったのを覚えています」

オーディションには無事合格。5月から10週間のツアーに出た。オクラホマ、タルサ、ロサンゼルス、サンフランシスコ、シアトル――。ステーションワゴン2台に機材を積み、昼夜ぶっ通しで、交代で仮眠を取りながら運転して次の町へ。米国で初めての公演旅行は、広大な国土を実感させる過酷なものだった。

リハーサルでは戸惑ったが、公演を重ねるごとに、ロックやブラジル音楽の要素を入れ、洗練されたマクファーランド流のサウンドに次第に魅力を感じるようになった。貞夫はマクファーランドのアルバム「ジ・イン・サウンド」に参加したが、そこでローリング・ストーンズのヒット曲「サティスファクション」をボサノバ風に仕立てて演奏した。「こんなアプローチがあったのか」と驚いたという。

「僕は後にブラジル音楽やアフリカ音楽に傾倒し、ジャンルの枠を超えて創作活動を行うようになっていくわけですが、それは彼の影響が大きかったと思います。マクファーランドは僕に米国での本格的な演奏活動のチャンスを与えてくれたと同時に、音楽的な幅をも広げてくれた恩人でした」

後にこんな出来事がある。帰国した貞夫が日本ジャズ界のリーダーとなっていた71年のこと。アルバムに収める曲のアレンジをマクファーランドに依頼した。ある朝、電話がかかってきて、「頼まれていた編曲だけれど、こんな感じで仕上がったよ」と言いながら、上機嫌でピアノで弾いて聴かせてくれた。それから3日後、マクファーランド急逝の知らせを受けた。「彼の天命を知る神様が、別れを告げさせてくれたのかな」。訃報にぼう然としながら、貞夫の頭にそんなことがよぎった。

帰国

1965年春、マクファーランドのバンドのギタリスト、ガボール・ザボの仲介で、名ドラマーのチコ・ハミルトンのバンドに加入することになった。ハミルトンに会うといきなりドサっと楽譜を渡された。すべて暗譜して2日後の練習に臨むと、「おまえのような奴は初めてだ」と驚かれたという。

二つのバンドを掛け持ちした貞夫は初夏から秋にかけて、ツアーが続くことになった。当分留守にするボストンに妻と娘を残すのも不用心だったので、2人をいったん日本に帰した。ハミルトンのバンドで8月に日本公演が予定され、そこで旅費を稼いで、また3人で渡米しようと皮算用していたが、これが中止になってしまう。そこから少しずつ歯車が狂っていった。

8月、マクファーランドのバンドでシカゴのジャズ祭に出演。大物のディジー・ガレスピー（トランペット）やスタン・ゲッツ（サックス）と共演し、ジャズ専門誌「ダウンビート」が写真入りの記事を掲載した。それが終わると、ハミルトンと東部を回る。ツアーに明け暮れる生活は、心身ともに貞夫を疲弊させた。

「公演地に到着すると、各自がホテルを探す。節約のため、リーダー以外は少しでも安い宿に泊まるわけなのですが、これがわびしい。ホームシックのような状態に陥ってしまいました」

さらに留学前に患った十二指腸潰瘍が再発し、それを薬で抑えながらの旅回り。追い打ちをかけるように、学校に通わず演奏活動をしていることが移民局の知るところとなり、「今のままでは国外退去」と警告を受けてしまう。ここは、マクファーランドらが奔走し、永住査証を申請して事なきを得る。

「今さら学生生活に戻る気もなく、ニューヨークを拠点に、プロとしての活動に専念しようと思いました。ツアーが一段落した秋に、ニューヨークの友人の家に居候し、報酬のいいCM音楽の吹き込みの仕事をしながら、この町での生活の足固めを始めました。査証が取れたら、すぐに家族を呼んで、米国での活動に本腰を入れようと考えていました」

しかし、移民局から「年末に法改正されるので、再申請するように」と通告された。心身の不調から、「もう日本に帰りたい」と落ち込んでいた11月9日、米国北東部とカナダの一部で12時間に及んだニューヨーク大停電が起こった。暗闇に沈む町に、貞夫の心の糸が切れた。

すぐにボストン行きのバスに乗り、その足でバークリー音楽院に帰国の意志を告げた。あわただしく荷物をまとめて飛行機に乗り、羽田に降り立ったのは、65年11月15日のことだった。

第7章　不遇と栄光

出産と離婚

話は少し前に戻る。

1961年、秋吉敏子は夫のチャーリー・マリアーノとともに、日本で凱旋公演を行った。5年前の渡米以来、初の里帰りだった。このタイミングで、日本公演のライブ盤と、渡辺貞夫ら日本人奏者と吹き込んだアルバム「トシコ、旧友に会う」を制作した。

貞夫に米国留学を持ちかけたのもこの時だった。マリアーノはいたく日本を気に入り、「日本に住みたい」と言った。ニューヨークを愛した敏子の気持ちは複雑だったが、2年後に再度来日した時は、そのまま日本に留まろうと覚悟していたという。さらに敏子はその時妊娠していた。

「マリアーノは、自らの知見と知名度を生かし、日本のジャズを向上させようという気持ちを持っていたのですが、残念ながら、日本にはあえて現状を変えようというミュージシャンは多くはなかったようでした。彼の作ったバンドもすぐに行き詰り、日本では満足な仕事ができないことを悟り、数か月で帰国してしまいました」

妊娠していた敏子は日本に残り、63年8月、後に歌手として成功する長女のＭｏｎｄａｙ満ちるを出産した。育児のため日本に生まれたからＭｏｎｄａｙ、人間的に満ちるようにという願いを託した。育児のため日本に留まった敏子は、65年、夫の待つニューヨークに戻った。ところがその直後、マリアーノの前妻が4人の子供を残し、家出してしまい、マリアーノは子供たちの面倒を見るためにボストンに移り別居することになった。結局そのまま離婚してしまった。

その頃の敏子を取り巻く状況は厳しかった。バークリー時代のような学校の庇護はなく、さらに日本に戻っていた2年間の空白も響いていた。幼い娘を抱えての生活は簡単ではなかった。何より、ジャズ・ミュージシャンにつきものの、長期のツアーに出られないのは痛かった。遂にジャズを捨ててほかの仕事を見つけようと思い詰め、職業安定所に出向いた。「タイプはできるか？」「経理はわかるか？」と聞かれても、何もできない。それなら技能を身に着けるために、コンピューター・プログラマーの養成学校に入学しようと、願書まで出した。ちょうどその時にまとまった収入が得られる仕事が見つかり、「やっぱり、私はジャズで生きていくしかないのかな」と思い直したという。

「幸いバークリー音楽院時代に積み重ねていた実績のおかげで、私のギャラは高く、月1、2本の仕事があれば何とか生活していけました」

65年まで日米のレコード会社から15枚ほどの作品を出していたが、そこから約3年、リリースが途絶えている。おそらく彼女のジャズ人生の中で最大の試練と言える時期だっただろう。

勝負のリサイタル

1965年にニューヨークに戻った敏子は、苦境を打破するため勝負に出る。

「米国に渡って10年が過ぎたが、自分の中では誇れるような実績を残していなかった。これが私の音楽のすべてというものを示し、今後の活動の突破口にしようと考えたのです」

ニューヨークでのリサイタルを企画し、収入のいいホテルのラウンジでの演奏の仕事をこなして資金をため、67年秋、タウンホールでそれを実現させた。運悪くその日ニューヨークで大きなジャズイベントがあったが、ニューヨーク・タイムズ紙は好意的な批評を掲載した。「何か変わるかなと期待したんですが、何も変わらなかったですね」と、今は屈託なく笑う。でも推測するに、当時は無念だっただろう。

リサイタルはソロ、トリオ、ビッグバンドと3つのフォーマットで行った。そして、ほとんど経験のなかったビッグバンドでは、「すみ絵」「ザ・ヴィレッジ」など後に代表作とされる新曲を披露している。渾身のプログラムと言えよう。仕事面では飛躍できなかったが、音楽的な収穫はあったはずだ。後に自身のビッグバンドを持ち、大成功するのだが、自作曲を生かすには、ビッグバンドが向いているという経験則はここで得た。

「たとえるなら、私はパレットに多くの色があって、それを使いこなして曲作りをするのが得意なのです。『すみ絵』なんて曲を作りましたが、私の本質は水墨画ではなく、色彩豊かな油絵だと思います。67年のリサイタルは、私ができるものをすべて出そうと、バークリーで学び、自分の新たな側面でもあるビッグバンドを打ち出しました。この時は『こんなこともできる』という狙いでしたが、『これが向いている』ということが漠然とわかったのだと思います。それがはっきりしたのは、ルー・タバキンとビッグバンドを結成した時（後述）なのですが」

敏子自身、手応えを感じていたようだ。

引退決意

1967年、敏子はクラーク・テリー（トランペット）のバンドで、代役としてピアノを弾く機会があった。そのバンドにいたテナーサックス奏者、ルー・タバキンの技量に感心したという。その後親しくなった2人は、69年に結婚した。チャーリー・マリアーノとの結婚には破れたが、公私ともに敏子を支え、その後の飛躍に導いてくれた伴侶を得ることになる。

70年代に入り、敏子は日本のレコード会社からの作品発表はあったものの、米国内では、相変わらず厳しい状況だった。

72年7月、一家でニューヨークからロサンゼルスに移ることになった。タバキンが出演していたテレビ・ショーの収録場所が、ニューヨークからロサンゼルスに変わったためだった。敏子はこれを機に、音楽活動から引退し、家庭に入ろうと決意した。この時の心境を敏子はこう語る。

「米国にやって来て20年近くたつが、ジャズにそれほど貢献しなかったし、革命も起こせなかった。ある意味で疲れていたのかもしれません。オスカー・ピーターソンは彼独自のスタイルを確立したけれど、私は敏子流を築いたわけではない。ジャズをやってそこそこ稼げればいいじゃないかという考え方もあるかもしれないが、私はそうじゃなかった。ジャズ界に痕跡を残していないという事実が嫌だった。引退して、それまでおろそかにしていた家事や子育てに専念しようと思っていました」

ビッグバンド結成

ロサンゼルスに移った敏子は、その直後にアメリカのモンタレー・ジャズ・フェスティバルに出演したが、それ以外は、夫の送り迎えや娘の世話、ミシンを使って自分や娘の着る服を縫うなど、もっぱら家庭で過ごした。そんな敏子を見て、夫のタバキンは、「人のために弾く必要はないが、ピアノをやめるべきでない」と助言した。「だから、引退を決めた後も毎日、ピアノには向かうようにしていた」と話す。

ある日、タバキンが、「君の曲を演奏するリハーサルバンドを作らないか。ロサンゼルスには本格的なジャズを演奏することに飢えている腕のいいスタジオ・ミュージシャンがたくさんいる。メンバーは僕が集める」と提案してきた。ロサンゼルスには地元で活動するミュージシャンのユニオンのリハーサル室が2時間半で50セントというただみたいな値段で借りられたことも好都合だった。敏子のジャズへの思いがくすぐられた。「もっともこの段階では第一線に戻ろうなんて気はさらさらなかったんですがね」と笑う。

こうして、1973年、秋吉敏子＝ルー・タバキン・ビッグバンドは結成された。敏子はバンドで演奏する曲を書くのだが、その過程でわかってきたことがあった。

「67年のニューヨークでのリサイタル用にビッグバンドの曲を書いた時に漠然と思っていたことが、明確になってきました。画家に例えるなら、自分は様々な色がほしいタイプ。様々な楽器で編成されるビッグバンドというスタイルは、

1971年、帰国した敏子を出迎える貞夫

自分の曲を生かすのに適しているのです。ピアノソロで、自分の書きたいことを表現しきれるタイプの作曲家ではなかったようです」

もう一つ、このバンドの陣容が敏子にとって幸いしたことがある。

「皆一級のスタジオ・ミュージシャンで、サックス奏者はフルートやクラリネットもこなせた。純粋なジャズ・ミュージシャンだと必ずしもそうはいかない。これは私の曲作りの幅を大いに広げてくれました。後に木管だけのアンサンブルが私たちのビッグバンドのトレードマークになりましたが、それはルーの人選のおかげでした。サックス奏者はフルートやクラリネットの持ち替えができること。これが新たなメンバーを迎える時の条件になりました」

毎週水曜日に2時間半の練習を続けた。そして74年2月、秋吉敏子＝ルー・タバキン・ビッグバンドはパサデナのクラブで初舞台を踏むことになった。敏子にとっても久しぶりのステージだった。そして、ここから彼女の快進撃が始まる。

「孤軍」での覚醒

ビッグバンドへの手応えを感じた敏子は、日本のＲＣＡレコードの旧知のディレクターに掛け合い、アルバム制作にこぎつける。そこで、敏子は自身のターニングポイントとなる一曲を書き上げた。アルバムの表題ともなった「孤軍」という曲だ。フィリピンのルバング島で終戦後も一人諜報活動を続け、戦争を戦っていた小野田寛郎少尉が1974年3月に救出され、帰国を果たしたというニュースに触発されたという。

「私は社会人として社会で起こることに関心がある。ジャーナリストなら文章で表現するのでしょうが、同じように私はそれを音楽で表現しようと思っていました。それが明確に形になった曲です。30年という長い年月を国のためにささげた小野田さんの孤独な戦いと、米国で孤軍奮闘してジャズを追求してきた自分の人生をオーバーラップさせ、書き上げました」

さらにこの曲で敏子は、鼓を入れるなど、日本文化とジャズの融合を試みた。ルー・タバキンの揺らめくようなフルートの音色は、尺八や篠笛のような効果を出している。

「以前から、日本人としてのジャズというテーマは私の頭の中にありました。例えば、デューク・エリントンは黒人という自身のルーツがにじむ音楽を作っている。私も同様に、日本という自分のルーツを音楽に反映させたいと考えてきました。それをある程度形にすることができたのが、67年に初演した『すみ絵』という曲です。日本的な流れるような旋律と、ジャズ的なリズムをうまく融合できたと思います。そして、『孤軍』は、日本文化とジャズの融合がはっきりと形になった最初の作品だと思っています」

ジャズの精神や様式を踏まえており、米国人にも理解してもらえる自信はあった。

「ただ日本では酷評されるだろうなと予想していました。和洋折衷で奇をてらったように思われるだろうと。だから、『どうぞけなしてください』という覚悟はありました」

その懸念は外れた。74年10月に「孤軍」はまず日本で発売され、1万枚売れれば上出来というジャズのアルバムとしては異例の3万枚のセールスを記録した。後に米国でも発売され、大きな反響を呼ぶことになった。

大曲「ミナマタ」

1975年に入ると、クール・ジャズ・フェスティバル、モンタレー・ジャズ・フェスティバルといったジャズ祭に出演し、秋吉敏子＝ルー・タバキン・ビッグバンドへの注目は高まる。前後して「ロング・イエロー・ロード」「花魁譚《おいらんたん》」と立て続けに充実した内容のアルバムを出した。

この頃、敏子は大作「ミナマタ」の作曲に取り組んでおり、この完成のために、米国の国立芸術基金の助成を得ることに成功した。敏子の音楽の芸術性が認められつつあったことの証左だろう。

「ミナマタ」は、当時日本で大きな社会問題となっていた、熊本県水俣市周辺で発生した公害病をテーマに、3楽章から成る20分余の組曲として完成した。

「平和な村に化学工場がたち一時の繁栄を手にするが、それは人をむしばむ病を生み、繁栄は荒廃・怒りへと変わっていく。そんな流れを音楽として表現しました。ここでも和楽器や和旋律を導入しましたが、それはこの曲のテーマに沿うものでした。冒頭に純朴さを表現するため、まだ子供だったＭｏｎｄａｙ満ちるの歌を入れ、終幕にはそれに呼応させ、怨念を象徴する能の謡を入れました。大きなテーマを設定し、それに合わせて細部の表現を組み立てていく。私の曲作りの方法論が確立された作品だと思います」

秋吉敏子＝ルー・タバキン・ビッグバンドは76年11月、大曲「ミナマタ」を収録したアルバム「インサイツ」を出した。このアルバムも日米で高く評価され、米音楽界最大の栄誉とされるグラミー賞の候補にもなった。

個人的な話になるが、筆者が敏子の音楽と出合うのは少し遅かった。高校時代はフュージョンを追いかけていたとはいえ、正統派ジャズはどちらかと言えば片手間に聴いており、特にビッグバンドものは、古臭いという先入観があって、食わず嫌いをしていた。最初に聴いた敏子のアルバムは「孤軍」で、それも80年、高校2年生の時だった。米国での高い評価を知り、「一応押さえておかなくては」という気持ちからで、そのモダンな響きは気に入った。しかし、和楽器を導入した表題曲は、どこか不自然な和洋折衷を感じたのだ。「鼓なんか入れなくても十分かっこいいのに」といったところか。先にも書いたように、「日本では酷評されると思った」という敏子の懸念通りの感想を持ってしまったのだ。

筆者がまがりなりに、敏子の意図を実感し、その世界観にひかれたのは、さらに2年ほどたってから聴いた「インサイツ」だった。大曲「ミナマタ」のドラマ性に引き込まれると同時に、水俣という平和な地方都市の原風景を描き出すために、和楽器を入れるという必然性も理解できたし、その使い方も「孤軍」より数段こなれていたように感じた。ただ、それ以上にこのアルバムで感銘を受けた曲は「すみ絵」だった。忘れていた幼い頃の思い出を呼び起こすような郷愁に満ちた旋律と繊細な編曲。ことさら和のテイストを強調したわけでないのに、「この曲は日本人でなければ書けない」と思わせてくれた。筆者にとっては、敏子の作品群の中でも「インサイツ」は最も好きなアルバムである。

作曲術

「日本文化とジャズの融合」「社会的な関心や問題意識をモチーフとした曲作り」「大きなテーマを設定し、それに合わせて細部の表現を組み立てていく」——。これらに加え、敏子がビッグバンドの曲を書く時に、もう一つの重要な方法論がある。それは、奏者の個性を反映させることだ。

「自分がバンドを持っている最大の意味は、プレーヤーの個性を熟知できること。それを曲作りに生かしていました。例えば、かつてうちに、わけのわからないソロを取るトロンボーン奏者がいた。でも曲によっては、そのソロが生きる。ミュージシャンを自分の作る曲の中で生かすのが作曲家の務め。そのためのバンドです。だから、私はほかのバンドから作曲を頼まれても、断ってきました。これがクラシックと違う、ジャズのいいところ。クラシックの作曲家、武満徹さんが生前、『そんなことができるなんて、うらやましいな』と言っていました」

「奏者の個性を生かした作曲」という発想は新鮮だった。筆者は数多くのジャズ・ミュージシャンにインタビューし、作曲法についても質問してきたが、これに類することを語っていた人は皆無だった。そう問い返すと、「でもデューク・エリントンもそうやっていたはずです。彼は『バンドでは自分は儲けられないけど、自分の音楽を作り出せる』という趣旨のことを言っていましたから。彼のバンドの奏者はみんな個性があり、デュークはそれを生かしていました」と答えてくれた。そして、こう続けた。

「当然、作曲した時からバンドのメンバーは変わっていく。それには二面ある。一つは、奏者が変わり、違うソロが入ることで、曲に違った魅力が加わること。一方で、あの奏者がいないからこの曲はできないと、お蔵入りさせてしまうこともあります。曲が自分の納得できる形で披露できない時は、私はやらないという選択をします」

敏子は「自分はプロフェッショナルな作曲家でない」とも言う。そもそも曲作りに時間がかかるのだ。曲のテーマに沿った資料を読み、どんな曲にしようか頭を悩ます。ようやく旋律が浮かぶと、ピアノで何度も弾いて、確かめる。だめだと思えば、手直しし、また何度もピアノで弾く。納得するまでその作業を続け、どうしてもうまくいかない時は没にしてしまうことも。さらに、ビッグバンドで実際に合わせてみると、「あれ、こんなはずじゃなかった」ということも少なくない。そこでの微調整に時間をかける。

「それでも『孤軍』の頃は1曲1か月ほどで書いていたのですが、その後さらに曲作りが遅くなり、1曲1年以上かかることも珍しくなくなりました。演奏の場合、いくら練習していても、『しまった』と思うことがあるのは避けられないのですが、これは作曲ではあってはならないこと。人前に出すまでに、試行錯誤を重ね、『これで完璧』という状態に持って行けるわけですから。作曲は言い訳ができないと考えています。おそらく私はジャズ界で最も遅筆な作曲家でしょうね」

欧州の思い出

ブランクもあり低迷していた敏子は、完全に第一線に戻ってきた。ただその過程で悔しいこともあった。１９７６年にビッグバンドのアルバム「ロング・イエロー・ロード」が米国発売された時、レコード会社が用意した宣伝用資料には、「全曲、ルー・タバキンが作曲」と記されていた。

「懇意にしていたジャズ評論家が教えてくれたんですが、足が震えるほどのショックを受けました。誤解もあったのでしょうが、日本人のしかも女性がこれだけのものを書けるはずがないという偏見ゆえだと考えています。屈辱的でした。プロモーションでラジオ出演の話がきたのですが、そんなこともあり、私は気が進まず、ルーに『あなた行ってきてよ』と頼んだのです。車の中でそのラジオを聞いていたのですが、インタビュアーは、ルーにしきりと『あなたがアイデアを出したんでしょう』と尋ねる。ルーが『僕は彼女が書き終わるまで、その曲がどうなっているか、いっさい知らない』と説明するのですが、なかなか納得してもらえない。まだまだ、ジャズ界には日本人に対する、そして女性に対する偏見があったのでしょう。やはり自分が進んできた道は、いばらの道だなと実感しました」

それでも敏子の快進撃は続く。78年には米国、日本に加え、欧州のツアーを始めた。名実ともに「世界の秋吉」となっていく。欧州での経験が生んだ、彼女にとっての重要な曲の一つが、82年のアルバム「メモワール」におさめられた「2つの顔」だ。81年に小さな町も含め、ドイツをツアーした時の印象が基になった。

「どの町もきれいで風情があり、人々は皆親切で思いやりがある。昔ながらの素朴さを感じ、これが古き良きドイツなのかなと思いました。同時に、そういった人に囲まれていると、これがあの残忍極まりないナチスを生んだ国なのかと、不思議な気持ちに襲われたのです。でもよくよく考えれば、日本も米国も似たような二面性を持っている。アグレッシブに前に進もうとする国、あるいは人が持つ宿命なのかなという思いから、作り上げました」

シリアスな題材のみが敏子の曲作りの基になっていたわけではない。同じく欧州ツアーでの出来事から生まれたのが、「ミラノの饗宴」。やはり82年の「メモワール」に収録されている。

「ミラノでのライブを終えた後、バンドのメンバー皆で地元のレストランに行くわけですが、私だけ、インタビューがあり、出遅れてしまいました。レストランに行くと、私のために一皿だけ残され、あとは厨房の材料がすべてなくなるまで、皆で食べつくしてしまったんです」

旺盛な食欲を表すかのような少々せわしない5拍子のリズムに、最後は食べ過ぎのゲップを思わせるバリトンサックスで幕を閉じる。敏子の人気曲の一つだ。

米国での評価や人気はうなぎのぼりで、米国の権威あるジャズ専門誌「ダウンビート」の78年度読者投票では、ビッグバンド、編曲の2部門で1位。翌79年度には同誌国際批評家投票でビッグバンド、編曲の2部門でトップ。そして80年度の読者投票では両部門に加え、作曲部門でも1位となり、3冠を達成したのだ。

第8章　フリージャズからフュージョンへ

帰国

１９６５年11月、渡辺貞夫は留学先の米国から帰国した。空港では妻と娘が出迎えに来た。「やはり、妻や娘の顔を見ると落ち着くものだ」としみじみと感じた。貞夫は帰国の翌日、銀座のジャズクラブ「ジャズ・ギャラリー８」に飛び入り出演した。「米国帰りの渡辺貞夫が現れるらしい」という話が口コミで広がり、ミュージシャンや評論家も多数訪れた。

この時のライブを、評論家の児山紀芳が聴いているが、「サックスの音色がほかの日本人奏者とは別次元のすばらしさで、これが米国の一流どころと共演してきた成果なのかとびっくりしました。日本ジャズ界の核になるのは、この人だと思いました」と振り返る。

約1週間後、ピアニストの菊地雅章が訪ねてきて、「米国で学んだジャズ理論を教えてください」と求められた。それを機に、東京・六本木の貞夫の自宅に黒板を持ち込み、プロの奏者15人ほどを相手にジャズ教室が始まった。これが口コミで広がり、あっという間に50人ほどに膨れ上がったのだ。妻の貢子が張り切って、手料理を振る舞うので、バークリー音楽院時代と同様、渡辺家は毎日30～40人ほどの人がたむろするサロン状態となった。「生徒の中には『今日の授業は何ですか』じゃなくて、『今日のご飯は何ですか』なんて聞いてくるのもいる始末でした」と振り返る。

さすがに自宅では対応できなくなり、授業は銀座のビルを借り、最終的にヤマハ音楽振興会で行われるようになり、7年ほど続いた。菊地、宮沢昭（サックス）、山下洋輔（ピアノ）、富樫雅彦（ドラムス）ら、日本のジャズ界をけん引することになる面々が貞夫の講座で学んだ。

ギタリストの渡辺香津美《かずみ》も70年代初頭に貞夫の講座に通った一人だ。「僕は音楽大学などに通っていないので、ここでの理論の勉強は役に立ちました。中でも自分でビッグバンドの譜面を書いて、実際にそれを披露するなど実践的な講座は良かったですね」と話す。

ボサノバ・ブーム

貞夫は「米国で吸収したことを余すことなく形にしたい」という欲求に駆られ、1966、67年の2年間にライブ盤を含め、何と11枚のアルバムを制作した。その中の1枚、66年秋に吹き込んだ「ジャズ・アンド・ボッサ」は、ブラジル音楽ボサノバを取り入れ、大ヒット。日本にボサノバ・ブームを巻き起こすことになった。

ボサノバは50年代半ばに、ジョアン・ジルベルトやアントニオ・カルロス・ジョビンら、リオデジャネイロの若者たちが、従来のブラジル音楽にジャズなどの要素を取り入れ生み出した。ボサノバはポルトガル語で「新しい傾向」を意味し、60年代前半に米国でも人気を呼んでいた。

「米国で共演したゲイリー・マクファーランドの影響で傾倒していたブラジル音楽を僕なりに消化した作品でした。かつてはビバップ一辺倒だったので、これはまさに米国行きの成果だと言えるでしょう。熱気あふれる米国のジャズクラブに比べ、日本の聴衆は皆難しい顔をしている。帰国後、それに違和感を覚え、開放的なボサノバやサンバを演奏してみると、思いのほか盛り上がった。それ以来、ライブやテレビ出演時に、積極的に取り上げるようになった。そんな下地も、アルバムのヒットに結びついたのでしょう」

自ら心を寄せるボサノバやサンバを生んだ国ブラジルの地を一度は踏んでみたい。その願いは68年7月に実現した。ひょんなことで交流を持つようになった、サンパウロでライブハウスを経営する小野敏郎に招かれたのだ。敏郎は90年代に活躍したボサノバ歌手、小野リサの父親でもある。さらに、このことを聞きつけたレコード会社が、「せっかく行くなら現地の音楽家とアルバムを作ってほしい」と、30万円ほどの制作費を渡してくれた。

ニューポート・ジャズ・フェスティバル出演の後、サンパウロに到着すると、さっそく小野のクラブに出向き、サンバやジャズのバンドと連日共演した。

「実際にブラジルを訪れ、この国の音楽文化の豊かさには圧倒されました。共演者が繰り出す多彩で肉感的なリズムをバックに演奏するのは刺激的。その一方で、ブラジル音楽の旋律は繊細な歌心に彩られる。僕はブラジル音楽のとりこになりました」

さて、小野のクラブでの共演者のつてをたどり、アルバムの参加メンバーを集め、スタジオ入りした。日本では寸暇を惜しんで録音するのが普通だが、ここでは、1曲収録すると、延々とおしゃべり。さらにドラマーが現れず、マネージャーが代役を務めるなどということもあった。「最初は苛立つこともありましたが、次第に彼らのおおらかな国民性が好きになっていきました」と言う。こうしてアルバム「ブラジルの渡辺貞夫」は完成したのだ。

世界への手応え

世界を相手に自分の音楽を問いたい。貞夫がこのことを明確に意識するようになったのは、1968年夏、米国のニューポート・ジャズ・フェスティバルに招かれたことがきっかけだった。

「主催者が出してくれたのは僕1人分の費用。単身乗り込み、デューク・エリントンのバンドから奏者を借りるなど急造のバンドでステージに立ちました。当日まで伴奏者が決まらず、披露できる曲はどうしても著名なスタンダード曲になってしまう。本番の演奏も納得できませんでした。世界のひのき舞台に気心知れた日本人奏者とともに立ちたい。そこで存分に自作曲を演奏したい。それが、世界に自分の音楽を伝えることに直結する。強くそう思ったのです」

2年後、今度はスイスのモントルー・ジャズ・フェスティバルに招かれた。この時は、ギターの増尾好秋《よしあき》、ベースの鈴木良雄、ドラムスの角田ヒロの3人の共演者を同行させることができた。ちなみに、角田は、後に歌手、「つのだ☆ひろ」として、「メリー・ジェーン」などのヒット曲を出している。当時はロック的な豪快さが魅力のドラマーで、長髪に、派手な革ジャケット、山高帽という奇抜な外見は、存在感抜群だった。

ジャズの巨人、デューク・エリントンと貞夫

「ステージでは、この時期に出したアルバムに収めた自作曲を中心に演奏。終演後に総立ちの聴衆から『ブラボー』の歓声を浴びた時は、2年前の無念を晴らせたと感無量でした。その後、欧州をツアーし、さらに大西洋を渡って、米国のニューポート・ジャズ・フェスティバルにも出演。世界への手応えをつかめた収穫の旅となりました」

少々話が脱線するが、貞夫のニューポ

ート初出演の前年67年に原信夫とシャープス&フラッツが招かれている。「シャープスは、ナット・キング・コールやヘレン・メリルら、来日した大物歌手の伴奏を務めることが多かった。彼らも日本に伴奏を任せられるバンドがいれば、バックバンドを連れてこなくて済み、経費を抑えることができるわけです。そんな歌手たちが、『日本にいいバンドがいる』と、フェスティバルの主催者に伝えてくれたようです」と原。どんなステージにするか、頭を悩ました。

「普通だったら、スタンダード持っていきますよね。その方が無難だし、僕らも楽。でも米国はオリジナリティーが重んじられる国。自分たちの音楽を打ち出したい。日本の曲をジャズでやろう。こう決めました。決めたらそれに向かって突き進む。民謡の『ソーラン節』や雅楽の『越天楽《えてんらく》』、僕のオリジナル『古都』などを準備しました。冒険ですよ。下手をすれば、『こいつら何やってるんだ』ってことになりますからね」

「本番では、リラックスしたかったので、『ハロー・エブリバディ』とあいさつした後、『ジャスト・モーメント』と言って、ポケットを探して紙を引っ張り出し、MCを続けたら、お客さんは爆笑。これで大分、緊張はとけましたね。『ソーラン節』は大受けで、会場はすごく盛り上がりましたね。米国の新聞では『今年のニューポートの収穫は、ドン・エリス（トランペット）とシャープス＆フラッツだ。新しいサウンドを打ち出してくれた』といった趣旨の評論が出て、うれしかったなあ」

この模様はライブ盤「ニューポートのシャープス・アンド・フラッツ」で聴くことができる。日本のメロディーを見事にビッグバンドジャズに昇華した会心の編曲と演奏。初のニューポートでの貞夫の無念ではないが、海外でも気心知れたバンドで出演しなければ、自身のオリジナルな音楽を届けられないことを雄弁に物語っている。

新世代の台頭

ここで１９６０年代後半の日本ジャズ界を概観しよう。貞夫のジャズ講座を受け、彼のバンドに加わった若手が次々に頭角を現す。一方で、ギタリストの高柳昌行が主導した銀巴里の金曜ライブも若手台頭の場となっていた。この時期、貞夫のバンドに加わった若手奏者を挙げると、菊地雅章（ピアノ）、日野皓正（トランペット）、増尾好秋（ギター）、鈴木良雄（ベース）、富樫雅彦（ドラムス）ら、後に日本ジャズ界の主役となる錚々たる顔ぶれが並ぶ。

そんな中でスターの座に駆け上がっていったのが、日野だった。貞夫、白木秀雄のグループで腕を磨き、67年に初のリーダー作「アローン・アローン・アンド・アローン」で脚光を浴びる。さらに菊地と結成した双頭バンドも高く評価された。70年に映画「白昼の襲撃」のサウンドトラックを担当するが、その中の1曲で、ファンクテイストの「スネイクヒップ」はシングル盤として発売され、ジャズでは異例のヒットを記録した。流行のファッションに身を包み、都会的でスマートな容貌も相まって、この時期の日野は絶大な人気を誇っていた。70年代後半から「シティ・コネクション」などのアルバムで貞夫と共にフュージョン・ブームを先導した。ビバップ、フュージョン、フリーなど様々なスタイルを駆使し、日本ジャズ界の頂点に座り続けている。

一方、オーネット・コールマン（サックス）やセシル・テイラー（ピアノ）が推し進めた調性やリズムなど約束事に縛られないフリージャズの潮流も日本にもたらされる。その過程で大きかったのが、66年のジョン・コルトレーン（サックス）の来日だった。主流を歩んでいたはずの巨人がこの時はほぼフリー・フォームの演奏を展開したことは、多くの日本のジャズ・ミュージシャンに衝撃を与えた。

コルトレーン来日以前にフリーの先駆的な存在となっていたのが、50年代に10代半ばでプロ活動を始めた天才肌のドラマーの富樫雅彦だった。65年に山下洋輔らと組んだ自身のカルテットでは、フリーに近い演奏をしていたという。60年代後半に「ウィ・ナウ・クリエイト」など実験的な作品を立て続けに録音。70年に不慮の怪我で下半身不随となるが、両手のみで演奏できる独自のドラムセットを考案して活動再開。その先鋭的な音楽は高く評価されてきた。

そしてコルトレーン来日の衝撃を受け、フリージャズの旗手として旋風を巻き起こしたのが山下だ。山下は富樫のバンドを抜けた後、肺浸潤に倒れ、一時は引退を決意するほどだった。しかし、1年ほどで完治し、気心の知れた森山威男《たけお》（ドラムス）、中村誠一（サックス）とトリオを編成した。山下は言う。

「最初は以前やっていた、それぞれのソロを極限までやるというアプローチでした。ただ、こういうことをやっていては、当時のナベサダブーム、ヒノテルブームといったジャズの新しい流れの中でダメだろうという感覚はありました。ジョン・ケージのような現代音楽を取り入れることも考えました。ヒントにするために、現代美術展にも行きました。ゼロ次元とかハプニングとか、絵描きが絵を描かないでニワトリの首を絞めているなんてのを見ましてね。そうしたら、何でもいいんだなって気持ちになり、一切のルールを無視して、それぞれの好きなことを一緒にやろうということになったんです」

「以前、セシル・テイラーを聴いて、フリージャズは知っていましたが、あれは近寄ってはいけない悪い音楽だと思っていました。決してフリーは好きじゃなかったが、結果的にフリーの手法を試したんです。これがはまった。森山はもともと自由にたたくのが好きでしたし、中村はコルトレーンの日本公演を聴いて、コルトレーンの変貌を自分なりに消化していました。3人とも演奏していてとても気持ち良かったんですね。あんなデタラメやっていましたが、全員が音楽大学卒業で、音楽理論には精通していたから、自信を持って逸脱できたんだと思います」

山下トリオは、全共闘の学生が占拠する早稲田大学の構内でライブをしたり、前衛舞踏と共演したり、当時のアングラ文化と同調しながら人気を得た。70年代には欧州でツアーを行い、現地でレコードが発売されるなど、国際的な人気を博したのだった。初の欧州ツアーの模様を収めたアルバム「クレイ」に収められている代表曲「ミナのセカンド・テーマ」では、端正な主題部分（これが素敵なのだ）から次第に逸脱し、破壊へと向かうプロセス、そして三者相乱れての大爆発と、30分のドラマは理屈抜きに爽快だ。

フリーの旗手のイメージが強いが、80年代から活動するニューヨーク・トリオでは正統的なジャズもこなし、2000年代には自作のピアノ協奏曲をオーケストラと演奏するなど多彩な活動を繰り広げている。

山下には何度も取材してきたが、初期の破天荒で破壊力満点の音楽からは想像もできないほど、温厚で理知的な人物なのだ。後年、クラシックにも進出する万能の音楽家に変貌したことに話を向けると、こう話してくれた。

「美しく整えられた曲を演奏していても、生身の表現者である以上、途中で予期せぬ衝動が押し寄せてくる。約束事をぶち壊しても、衝動を形にするのが、僕の考えるフリージャズ。換言すれば、無法者に豹変した自分を大切にするということ。すべての曲でその余地は必ず残すようにしています。これは僕の生き方そのものなのでしょう。どんな一流オーケストラと共演しても、ここだけは譲れない一線なんです」

１９６０年代後半の新たな脈動は、進駐軍ジャズとは全く趣を異にする70年代の日本ジャズの隆盛につながっていく。

拡散する作風

１９６０年代後半から70年代にかけて、貞夫の音楽的志向性はどんどん拡散していく。60年代後半は、巨人、マイルス・デイヴィスがロックの影響を受けた先鋭的な音を打ち出し、70年代にジャズ界の一大潮流となるフュージョンの先駆となった。貞夫もそんな時代の空気に動かされ、69年に出した「パストラル」で、電気楽器を取り入れた。

さらにピアニストのチック・コリアらと作った70年の「ラウンド・トリップ」では、フリージャズに接近した。

「米国留学していた頃、フリージャズはブームを巻き起こしていたが、自分が信じていたジャズが否定されたような気がして、当時は拒否反応を覚えました。ただ、この頃には、自分なりにフリーの方法論を消化したいという思いが勝っていました。今振り返れば、無意識のうちに世界の潮流に敏感でありたいという欲求がわき上がったのだとも思います」

さらにアフリカ音楽も吸収する。きっかけは、野生動物とアフリカの人々の生活を紹介するテレビのドキュメンタリー番組のリポーターとして、72年1月に初めてケニアを訪れたことだった。

「ジャズの源をたどっていくと、アフリカの民族音楽に行き着く。一度は訪れてみたいと思っていたので、リポーターの打診があった時点ですぐに飛びつきました」

ケニアのナイロビに降り立つと、その晩すぐに現地のライブハウスに出かけて、ステージに飛び入り。

「この時はアフロロック風の曲を披露したのですが、客席は大喜び。満場の拍手でアンコールを求めるので、別の曲を始めると、さっきの曲をやれというかけ声が沸き起こる。結局同じ曲を何回も繰り返す羽目になったのです。皆が全身で音楽を楽しんでいるんだなと実感し、演奏する側もどんどん気分が良くなってくる。現地のバンドと共演していると、大地の鼓動を思わせるようなリズムに圧倒されました。簡潔で力強く土着的で、どこかロックのリズムにも通じる。そこに浸っていると、何とも言えぬ陶酔感を覚えるのです。アフリカの地を踏み、よかった。心底、そう思いました」

サバンナの真ん中や港町でサックスを吹くなど、番組用の撮影をこなした2週間ほどのあわただしい旅だったが、大きな刺激を受けたという。帰国直後、さっそくアフロ・リズムを取り入れたアルバム「サダオ・ワタナベ」を出した。翌年制作した「ケニヤ・ヤ・アフリカ」も、表題通りアフリカ音楽からの影響が全編を貫いている。「僕はまさにアフリカに魅了されていたのです」と力を込めた。

再訪の機会は74年7月に巡ってきた。タンザニアでの青年海外協力隊の活動を描く谷口千吉監督の映画「アサンテサーナ」の音楽を担当することになり、撮影に同行したのだった。独立10年の節目に当たり、当時の首都ダルエスサラームに到着すると、ちょうど祝賀式典が開かれていたという。多民族国家らしく、国中の部族が集まり、マリンバや太鼓を一斉に打ち鳴らし、歌い、踊る。そこに大統領が現れると、観客たちから大歓声が上がる。そのめくるめく歓喜の世界に、貞夫は興奮した。

「各地を回ると、行く先々で〝生きた音楽〟とでも呼ぶべき音の饗宴を体感しました。ダルエスサラームの海岸では、波の音、雑踏のざわめき、子供の歓声、鳥の声が混然一体となって、さしずめ一大シンフォニーのよう。マニヤラ湖ではグラウンド・ホーンビルという真っ黒な鳥が数羽鳴き声を出していたが、まるでブルースの調べのよう。アフリカの大地が多彩な音楽を生み出した源泉を垣間見たような気がしました。その後も20回ほどアフリカを訪問したけれど、この2回の旅で、アフリカが僕の音楽の柱の一つになったのは間違いないですね」

作曲家としての試行錯誤

1961年に初のアルバムを出して以来、貞夫は一貫して曲作りを行ってきた。留学先のバークリー音楽院でジャズ理論をみっちりたたき込まれたのも、大きな糧となった。

さらに、70年代のジャズ界は、スタンダード曲の解釈より、オリジナル指向が強く、そのことが貞夫の作曲家としての才能を大きく飛躍させた。ただ、70年代前半、貞夫は曲作りで壁にぶつかっていた。

「理論にがんじがらめになり、なかなか納得できる曲が書けなかったのです。作曲家の武満徹さんに相談したこともありました。武満さんはピアノのふたを開け、E♭（ミの半音下）の音をポーンと鳴らしてくれました。この時は真意を測りかねたが、今思えば、安易に結論を求めず、もっと試行錯誤しなさいという激励だったのでしょう」

そんなトンネルを抜けられたのは、先述したように、74年のダルエスサラーム訪問で、鳥のさえずり、波の音、子供たちの声が響き合い、交響曲のように聞こえたという体験だった。

「曲のヒントは、身の回りにいくらでもある。難しく考えることはないんだと肩の力が抜け、自由な気持ちで曲作りに臨めるようになりました」

さらに、72年にFM東京で始まった貞夫をホストとする番組「マイ・ディア・ライフ」での経験も大きかった。

「その時々のテーマに沿って、スタンダード曲からヒット中のポップスの曲まで、僕の気に入った曲を集め、放送日までに編曲して、スタジオで演奏する。毎週のことなので、作業は大変だったが、様々なジャンルのすてきな曲と、アレンジを通して向き合ったのは、曲作りの上でプラスになりました。ボーカル曲を器楽曲に仕立てることも多かったが、僕の根底にある歌心を刺激してくれました」

この番組では来日中のミュージシャンをゲストに招き、いっしょに演奏するコーナーもあった。ジャッキー・マクリーン、チック・コリア、リー・リトナー（ギター）ら、米国の大物たちも出演した。

「トランペット奏者のサド・ジョーンズが来てくれた時は、意気投合し一杯やりながらリハーサルに臨み、本番の時にはかなりいい気分でした。楽しい思い出ですね」

72年には福村芳一《よしかず》指揮の京都市交響楽団と共演する機会を得て、フランスのデュボア作「ディヴェルティメント」を演奏することになった。「本格的にクラシックに挑むのは初めてで、これまでの音楽人生の中で最も練習しました」と振り返る。また76年10月のリサイタルは、翌年、ジャズでは初の芸術祭大賞を受けた。70年代は、貞夫にとって様々なことを吸収すると同時に、実りの時期でもあった。

フュージョンの旗手に

１９７０年代に入り、ジャズ界の風景は大きく変わった。ロックやソウルなど他ジャンルの要素を取り込みつつ、電気楽器を導入したフュージョンが隆盛となってきたのだ。さしずめ、60年代にそれまでのジャズの文脈にはなかったフリージャズが台頭したのに似ていたと言えるかもしれない。コルトレーンがフリーに傾倒したのとほぼ同じ60年代後半、先述したようにマイルス・デイヴィスがいち早く電気サウンドを取り入れた。その当時はジャズロックなどと言われたが、貞夫は69年にそれに連なるアルバム「パストラル」を出している。

そして、フュージョンがジャズ界を席巻する70年代半ば、貞夫は決定打を放ち、日本にフュージョン・ブームを巻き起こすことになった。まずは、米国の第一線で活躍するミュージシャンとともに77年に制作したアルバム「マイ・ディア・ライフ」だった。都会的で洗練されたサウンドで、若者を中心に人気を集めた。

「そこに参加してくれたキーボード奏者のデイヴ・グルーシンは、作編曲家としても有名。さらに実にセンスのいい演奏をしてくれました。それまで、作編曲やプロデュースは自分でやっていましたが、僕はシンセサイザーなどを扱えないので、次のアルバムは彼に頼んでみようかなと思ったのです」

その決断は吉と出た。翌78年の「カリフォルニア・シャワー」は、グルーシンに編曲を任せ、彼の書いた曲も収めた。まさに二人でタッグを組んで作り上げたアルバムだった。ジャケットは米ロサンゼルスの海岸にヤシの木を持ち込み、消防車を使って雨を降らせる構想だったが、撮影が始まった途端、消防車からドーンと水の塊が飛んできて、貞夫を直撃した。快晴の中、なぜか貞夫だけがずぶ濡れという少々不思議な絵柄となってしまったのだ。

このアルバムは、歌の入らないインストゥルメンタル音楽のアルバムとしては破格の20万枚を売り上げた。貞夫にとっても過去に経験したことのない大ヒットだった。それによって、日本でフュージョンは売れる音楽と認知され、約10年はそこに連なるミュージシャンが我が世の春を謳歌した。79年のアルバム「モーニング・アイランド」もグルーシンと組んで制作。前作を上回るヒットとなった。

「中には『渡辺貞夫は売れるために変節した』といった論評もありましたが、この時点で僕の心の中で鳴っていた音楽に忠実だったことは断言できます」

その証左と言えるのが、「マイ・ディア・ライフ」の1年前の76年のアルバム「アイム・オールド・ファッション」だろう。先述したように、60年代後半以降の貞夫は、ブラジル音楽、ジャズロック、フリー、アフロと、時代に感応しつつ、ほぼ脈絡なく作風を変えていた。そのさなか、このアルバムでは、時流に外れた自身のルーツ、ビバップに正面から向き合ったのだ。ハンク・ジョーンズ（ピアノ）、トニー・ウィリアムス（ドラムス）、ロン・カーター（ベース）という米国の第一線の大物が共演したこともあるのだろうが、貞夫の歌心とビバップの様式が見事に調和している。

もし、売れるための戦略だとすれば、この作風の変遷は考えられないし、それ以上に76年という時代背景の下、「アイム・オールド・ファッション」を出すことなど、あり得ない。「心の中で鳴っている音楽に忠実」という以外に、このディスコグラフィーを説明することは、不可能だろう。近年のインタビューでこう語っている。

「僕の核にあるのは間違いなくビバップです。でも僕の音楽の本質はビバップではなく雑食性にあるのでしょうね」

貞夫の音楽を総括する至言だと思う。

貞夫との出合い

脱線するが、個人的な話をしよう。小学校5年生の1975年初頭に英国のバンド、クイーンの「キラー・クイーン」を聴いて以来、ロックの虜になっていた筆者にとって、70年代終盤は居心地の悪い時代だった。心を寄せていたプログレッシブロックやハードロックは低落傾向にあり、大物はなかなかアルバムを出してくれず、久々に出た作品の出来にも首を傾げざるを得ない。英国ではパンクロックが旋風を巻き起こし、米国ロック界は逆にポップ化・大衆化が進み、そのどちらにも共感できず、歴史をさかのぼり、60年代後半〜70年代前半の名盤を聴きあさっていた。

中学3年生になっていた78年、一つ年長の従兄《いとこ》に、「プログレ好きなら絶対気に入るよ」と言われて聴かせてもらったのが、チック・コリア率いるリターン・トゥ・フォーエヴァーの「浪漫の騎士」だった。緻密に構築された楽曲と高い演奏力に衝撃を受け、たちまちフュージョン（当時はクロスオーヴァーと呼ばれていた）に魅了された。そんな時、よくレコードを借りていた近所に住む年長の知人に、「フュージョン好きなら、これお薦め」と言われて貸してもらったのが、貞夫の「カリフォルニア・シャワー」だった。

デイヴ・グルーシン、リー・リトナー、ハーヴィー・メイソン（ドラムス）ら米国の一流どころが共演者として名を連ねているのに、まずびっくり。レコードに針を落とすと流れてきた表題曲の光のシャワーが降り注いできたかのような歓喜に圧倒され、「ジェントル・ソウツ（日本のレコード会社の主導により、グルーシンやリトナーら米国の一線級を集めて結成されたバンドで、そのアルバムは国内で高く評価されていた）より、遥かにいいな」と思ったのを克明に覚えている。筆者にとって、フュージョン原体験の一つで、今も愛聴する1枚だ。

以後、貞夫の活動を追い続けると同時に、過去の作品をさかのぼって聴くようにもなった。「マイ・ディア・ライフ」は「カリフォルニア・シャワー」に次いで好きなアルバムとなった。しかし、豪華な共演陣にひかれて聴いた「アイム・オールド・ファッションン」には戸惑った。表題曲などかっこいいと思う曲もある反面、期待したフュージョンとは全く異質な世界だったからだ。これは、フュージョンの名盤「ヘッド・ハンターズ」で大好きになったハービー・ハンコック（キーボード）が主導する正統派ジャズバンド、VSOPを聴いた時と同じ感覚だった。

おぼろげながら、フュージョンを切り開いたジャズ畑の音楽家が、フュージョン作品と正統派ジャズ作品を区別して作っていることを知ることになり、フュージョンを入口に、ジャズというジャンル全体への興味を広げることになった。インターネットという手軽に物事を調べる手段のない時代、偶発的な出合いや、それを手掛かりとする試行錯誤によって、自らの好みや知識を広げるしかなかったのだ。

97年に貞夫に初めて取材した時は、少年期からあこがれたミュージシャンだっただけに、珍しく緊張した。だから、貞夫がにこやかな顔で迎えてくれたのにほっとしたのを覚えている。その頃の貞夫が正統派ジャズとブラジル音楽に軸足を置いていたため、自分が「カリフォルニア・シャワー」で貞夫のファンになったことを告げることがなかなかできなかった。近年、ようやくそのことを伝え、「久々に、フュージョン・スタイルのアルバムを作ってみようとは思いませんか」という少々ぶしつけな質問をしたことがある。貞夫は笑いながら、「多分ないだろうね。今は興味がないから」と語っていた。

日本人奏者の相次ぐ海外進出

１９７０年代に入ると、日本ジャズ界の一線級が続々と渡米し、米国を拠点に活動するようになる。71年に米国に渡り、エルヴィン・ジョーンズ（ドラムス）やリー・コーニッツ（サックス）との共演を経て、ソニー・ロリンズ（サックス）のバンドで活躍するギタリストの増尾好秋。73年からニューヨークに居を構え、アート・ブレイキー&ジャズ・メッセンジャーズのメンバーになるなど、存在感を発揮したベーシストの鈴木良雄。ほかにも鈴木勲《いさお》（ベース）、大野俊三（トランペット）、川崎燎《りょう》（ギター）らが、米国を拠点に、現地の大物と共演している。彼らはいずれも当時の日本ジャズ界の第一線にいた奏者たち。申し合わせたわけでもなく、ほぼ同時期に続々とジャズの本場への進出を試みたのは、興味深い現象と言えよう。60年代に米国で足跡を刻み、帰国後にそこで得たものを惜しげもなく伝えた貞夫の存在が背中を押したのか。あるいは50年代から米国に住み、孤軍奮闘する秋吉敏子に触発されたのか。少なからぬ影響はあったはずだ。

その中でも成功したのがピアニストの菊地雅章。73年以降、米国を拠点とし、77年にはギル・エヴァンスのオーケストラに参加、その中核的な存在となったほか、自らのリーダー作では、正統派ジャズ、フリー、フュージョン、ファンクなど多彩な作風を打ち出し、型にはまらぬ鬼才として国際的な評価を勝ち得たのだ。先鋭的なイメージが先行する菊地だが、97年にインタビューした時にこんなことを言っていたのが印象に残る。そこで、「実は、今、ポップスバンド結成を計画していて、ボーカリストを探している。

全米チャートに入るような売れるものを本気で作ってみたいんだ」

残念ながらこれは実現することなく、2015年に他界してしまうのだが、芸術的な評価を得ていた菊地の、商業的成功への率直な欲求と自信が垣間見えた。

そして菊地の盟友と言えるトランペット奏者の日野皓正も、その後を追うように、1975年に渡米し、ニューヨークを拠点とした。日野と菊地は60年代前半に銀巴里でのセッションで知り合い、以来、何度もタッグを組んで作品を送り出してきた。菊地が亡くなった時、こんなエピソードを話してくれた。

「彼は信じたことは曲げない。気難しく、自信家で融通が利かない一面は、時に敵も作った。でもお茶目で照れ屋で無邪気な性格は多くの仲間に愛されていました。2007年にデュオ・アルバムを録音した時、僕が演奏していると、いきなり鍵盤をたたいて、『お前違うんじゃないの』と怒り出した。その日はさすがに落ち込みましたよ。翌日スタジオに行くと、『昨日の録音聴き直したけど、すごくいいよ』。こんな調子でぶつかっても、何事もなかったように、付き合いが続いていったんです」

米国に渡った日野は、ラリー・コリエル（ギター）、デイヴ・リーブマン（サックス）らと共演し、地歩を固めていく。そして、ニューヨークのミュージシャンを集めて制作し、日本で出した1979年の「シティ・コネクション」が大ヒットし、日本のフュージョン・ブームの主役となった。

フュージョン全盛期

さて、日本のフュージョン・ブームを語る上で忘れてはならないのが、ギタリストの渡辺香津美だ。敏子や貞夫はもとより、日野、菊地らジャズと出合った後にロックという音楽が台頭した世代とは異なり、「ベンチャーズや加山雄三で音楽に目覚め、後にジャズに出合った」という音楽遍歴を持つ最初の世代と言えるだろう。高校在学中の1971年に出した初アルバム「インフィニット」は轟音ギターが鳴り響くジャズロックが全編に展開され、日本におけるフュージョンの萌芽となる作品の一つだ。この時期の自身の音楽について、こう語っている。

「自分はジャズをやっていましたが、ギターという楽器の特性上、ロックの影響から逃れられない。例えばラリー・コリエルとか好きで聴いていたが、彼は思いっきり音をひずませたりしていたので、そういうのには抵抗なかったですね。普通にエフェクターを使っていましたし。出演する店によっては、『ジャズはそういうのを使わないんだ』って怒られたり、ワウペダルを踏んでると客席から靴が飛んできたり。僕にしてみれば、心寄せるジャズのスピリッツを心地いいロックのサウンドで弾いていたわけです」

求道者的で、緊張感はあるがどこか息苦しい作風から、開放的で洗練された音に転じたのが、77年の「オリーブスステップ」だった。同じ年に出た貞夫の「マイ・ディア・ライフ」と並び、日本のフュージョンのプロトタイプとなったと言えよう。香津美はその変化についてこう語る。

「正統的なジャズと自分が求めるひずんだギターサウンドをどう折り合いをつければいいのかわからず、もんもんとしていました。『エンドレス・ウェイ』というアルバムを出した75年頃、ウェイン・ショーターの『ネイティヴ・ダンサー』に出合いました。その開放的なサウンドに触れた時、『音楽は楽しいもの』という素朴な原点に立ち返れたんです」

香津美は80年に大ヒット作となる「トチカ」を発表する。マイク・マイニエリ（ビブラフォン）をプロデューサーに迎え、マーカス・ミラー（ベース）、スティーヴ・ジョーダン（ドラムス）という気鋭の奏者を従え、奔放かつ切れ味鋭いギターを聴かせるこのアルバムは、収録曲も粒ぞろい。個人的には貞夫の「カリフォルニア・シャワー」、日野皓正の「シティ・コネクション」と並ぶ、日本フュージョンの3大名盤の一つに挙げたい。自身でも「作り上げて最も達成感のあったアルバム」と振り返っている。

80年代半ばにはアルバム「モボ」が米国発売された。海外進出の絶好機だったが、「家族の存在もあったのでしょう。ニューヨークに行って勝負するぞ、という気持ちにはなれなかった」と振り返る。個人的には、香津美の腕をもってすれば、まだフュージョンの残り香があった当時のニューヨークに渡れば、セッション・ギタリストとして引っ張りだこで、それをベースにリーダーとしての活動も軌道に乗ったのではと思えてならない。まあ、仮定の話をしても空しいのだが——。

70年代後半には、カシオペア、スクエア、プリズム、ネイティヴ・サンといったグループや、高中正義（ギター）、本多俊之（サックス）、向井滋春（トロンボーン）ら、ロック世代の奏者がフュージョンの担い手として成功を収める。さらにフュージョン的なサウンドをバックに歌う笠井紀美子、阿川泰子、アンリ菅野《すがの》ら女性歌手の台頭も相まって、フュージョンは売れる音楽として、全盛を誇ることになった。

第9章　「世界のナベサダ」の誕生

武道館公演

渡辺貞夫の音楽人生の中でも大きな挑戦となったのが、1980年の日本武道館でのリサイタルだった。それは、当時所属していた音楽事務所のスタッフの発案がきっかけだったが、どんどん構想が膨らんでいった。デイヴ・グルーシンやスティーヴ・ガッド（ドラムス）ら米国の一流奏者が脇を固め、さらに東京フィルハーモニー交響楽団も共演する。日程は7月2～4日の3日間。最終的に、そんな壮大なコンサートになった。

「直前はかなり神経質になっていました。リハーサルの時に取材のテレビカメラが入ってきて、コメントを求められたので、思わず『やめてくれ』と語気を荒らげてしまいました。そばにいたグルーシンが僕に代わって取材を受けているのを見て、自分はまだまだ未熟だなと反省したものです」

本番は初日の冒頭からハプニング。貞夫がソプラニーノサックスを吹きながら舞台に現れ、3曲目でフルートに持ち替えるという流れだったが、フルートを吹き始めると音が出ない。

「慌てて演奏を止めて調べてみると、フルートのキーが一つ曲がっていた。マネージャーが楽器を舞台に置きに行った時、転びそうになって、フルートのキーを握りしめ曲げてしまったようです。ただ、これで緊張がほぐれたのも事実。連日満員だったのもさることながら、すばらしい音楽家たちとの3日間は内容的にも最高の思い出となりました」

世界発売

同じ年、貞夫は、日本のレコード会社を介さず、米国の大手レコード会社CBSと契約した。それは貞夫のアルバムが世界的に発売されることを意味する。夢に見た本格的な海外進出だった。その第1弾として1980年、同年の日本武道館公演を収めたライブ盤「ハウズ・エヴリシング」を出した。

貞夫は60年代の米国留学で、ゲイリー・マクファーランドやチコ・ハミルトンら大物と共演するなど、地歩を固めつつあったが、心身の不調から急きょ帰国し、日本で活動することになった。あの時、米国にとどまって活動を続けたらもっと順調に世界に飛び出せたのでは？　結果的に15年ほど回り道したのでは？　そんな疑問をぶつけてみた。

「でも、帰国したことで、僕はブラジルやアフリカを旅することができ、音楽的に視野を広げられた。武道館でのオーケストラとの共演などは、日本にいたからこそ経験できたのです。確かに本場・米国で活動を続けることには、利点があるでしょう。でもあのまま残っていたら、古典的なジャズばかりを追求する職人肌の音楽家になっていたかもしれない。結局、仮定の話との比較は難しいが、自分のたどった道は間違いでもなく、回り道でもなかったと信じています」

世界進出した北村英治

少し話が脇道にそれるが、この時期に米国のレコード会社からリーダー作を出した日本人に、クラリネット奏者の北村英治がいる。１９５０年代初頭から活動するベテランだが、一貫して、30～40年代に大流行した古いスタイルのスイングジャズを追求してきた異色の存在だ。フュージョン全盛期の中、正統派ジャズ作品を出し続けていたコンコード・レーベルから声がかかり、80年に「ディア・フレンズ」を発売。さらに、翌年出した「スイング・エイジ」は米国でヒット。モンタレー・ジャズ・フェスティバルの常連でもあり、貞夫と同様、日本に居ながらにして、国際的評価を勝ち得ている。

「戦時中、押入れの中でこっそりベニー・グッドマンのレコードを聴いて以来、ずっとスイングに心ひかれていました。ただ、プロとなって、『ビバップなどモダンジャズも取り入れないと』と思った時期がありました。68年に、バディ・デフランコ（クラリネット）が来日した時、彼の楽屋に押し掛け、彼の演奏をコピーして吹いたところ、『プロなら人のまねをするのではなく、自分の心の中で鳴っている音楽を追求しろ』と言われました。それで目が覚めたんです。僕の本質はスイング。時流におもねることなく堂々とそれを追求すればいいいんだと腹をくくれたんです」

ちなみに、初めてモンタレー・ジャズ・フェスティバルに出演した時、駆け出し時代に親交のあった敏子から、「出演おめでとう。応援しています」という電報がきた。「僕が出演を知らせたわけでもないのに、こんな形で励ましてもらい、本当に感激した。秋ちゃんは優しいいんだよね」と振り返っていた。

北村には、何度も取材しているが、いつも白髪をきっちり整え、趣味のいいジャケットを着るロマンスグレーという表現がにつかわしい紳士で、さらに飾らず柔和な性格にはあこがれすら感じる。ずっと独学だったが、第一人者となって久しい50代になって、クラシックの一流奏者、村井祐児に師事した。その時のエピソードをとても素敵に語ってくれた。

「僕は『高校生に教えるつもりでお願いします』と言ったら、『いやとんでもない、小学生に教えるつもりです』と返されましたね。難しいエチュードなんかを教えてくれると思ったら、最初は『ちょうちょう』をひたすら吹かされました。ジャズの人は音の出し方がいい加減。ピアノで出した時のように、頭から正しい音程を出さなくてはいけない。それを簡単な曲でたたきこまれたわけです。ずり上がったり、ずり下がったりしちゃだめ。ポンとその音にいかなきゃいけない。それでものすごく得をしました。誰と共演しても、吹き出しの音に確信を持てるから、心配したり緊張したりしない。僕にとってものすごくいい先生でした」

師匠・村井はその後、北村のコンサートの常連ゲストとなっている。

闘病、そして復活

脱線した話を貞夫に戻そう。1981年春、貞夫はCBSから世界的に出すことになったアルバム「オレンジ・エクスプレス」を制作した。世界進出第1弾の「ハウズ・エヴリシング」は武道館でのライブ盤だったので、これが初めて世界的に発売される貞夫の新作ということになる。マーカス・ミラー（ベース）、リチャード・ティー（キーボード）、ジョージ・ベンソン（ギター）ら、米国のトップクラスが脇を固めて制作されたこの作品は、当時、個人的に「カリフォルニア・シャワー」に並ぶ貞夫会心の作と思えた。特に冒頭の表題曲のスティールドラムの音色に彩られた明るく、開放的な曲調に魅了された。これなら米国のジャズファンにもインパクトを与えられる。そう思ったのだった。

しかし、このタイミングで貞夫は試練に見舞われた。ニューヨークでの録音を終え、帰国すると、尋常でない疲労感で体が動かなくなってしまったのだ。急きょ入院したが、原因不明。ただ、スケジュールはぎっしり詰まっていて、長く入院しているわけにはいかない。医者が止めるのを振り切って退院し、米国公演を行い、その後は国内の公演ツアーをこなした。舞台の上では不思議と大丈夫なのだが、それ以外の時はとにかく体が重い。

一連のスケジュールを終え、ようやく入院したのは、翌82年初頭のこと。5か月の療養生活となった。最終的にC型肝炎だったことが分かるが、その後数年は体調不良を抱えながらの活動が続く。

83年、所属レコード会社を米国・ワーナーに変えた。売れっ子のラルフ・マクドナルドをプロデューサーに迎えて、84年には「ランデブー」を制作。この作品は権威ある米国の音楽誌「ビルボード」の全米ジャズ・チャート2位に輝くヒットとなり、貞夫の国際的評価を押し上げることになった。しかし、本人としては満足できるアルバムではなかった。

「制作側の方針で、ポップに寄りすぎた音作りになった。どこか不本意な作品でした。病み上がりで体調が万全でなく、僕自身、プロデューサーと渡りあって、主張を通す気力に欠けていたのも悔やまれました」

不調を脱し、自分の思う音を追求できたのが、85年のアルバム「マイシャ」だった。その約2年前にサハラ砂漠を旅した時の体験を元に制作した。「ジャケットの女性の写真は、僕が現地で撮影したもので、その意味でも思い出深い作品です」と振り返る。

エリス・レジーナの思い出

1988年、貞夫はブラジルの歌姫、エリス・レジーナの追悼アルバム「エリス」を制作した。「いつか必ず作ると心に決めていたのですが、ようやくその機会が訪れたのです」と言う。

貞夫とエリスの出会いは、79年7月、東京で開かれたジャズ祭「ライブ・アンダー・ザ・スカイ」だった。

「元々僕は、開放的なエリスの歌声の大ファン。この時、彼女のステージに飛び入りして、3曲ほどいっしょに演奏しました。終演後のパーティーで、『今度は一緒にアルバムを作ろう』と約束したのです」

しかし、エリスは80年1月にサンパウロの自宅で急逝した。36歳の若さだった。あまりに突然のことにショックを受けるとともに、エリスをしのぶ作品を出したいという思いに駆られたという。ただ、ちょうど米国進出して間もない頃で、すぐにエリスの追悼盤を制作するのは難しかった。それから数年たち、スキー場にこもって曲作りをしていた時のこと。珍しくなかなか曲想が浮かばず、やっと1曲だけ書き上げた。

「それは、エリスの人柄をしのばせるようなかわいらしい曲だなと思えたのです。米国でもある程度の実績を積み、自分なりの構想を実現する環境が整っていた時期でもあったので、ここで念願を果たそうと決断したのです」

ブラジルで、現地の音楽家たちと作ろうと思い、エリスの元夫で、著名なミュージシャンでもあるセザール・カマルゴ・マリアーノに編曲、キーボード奏者として参加を要請すると、快諾してくれた。人気歌手のトッキーニョも加わった。88年2月にブラジル入り。この国での録音は、68年のアルバム「ブラジルの渡辺貞夫」以来だった。

「マリアーノは事前の準備などせず、スタジオ入りしてから、楽譜を書き始めるという、おおらかさ。20年前ののんびりとしたブラジルでのレコーディング体験を思い出しました。とは言え、彼の編曲は繊細で職人的。そのおかげもあり、『エリス』は、自分のアルバムの中でもお気に入りの1枚になりました」

「エリス」は、米国の音楽誌「ラジオ&レコーズ」のジャズ・チャートで4週連続1位のヒットを記録した。「特別な思い入れがあっただけに、この結果は格別にうれしいものでした」と話す。

「マリアーノとは、その後、『ヴィアジャンド』などのアルバムでタッグを組んだほか、ライブでも共演するなど、長いつきあいになりました。やはり、ブラジルは僕の音楽人生から切り離せない要素になっているようです」

日本ジャズシーンの停滞と発展

さて、1980年代半ば以降、世界的にフュージョンが退潮し、ジャズは古典回帰的な傾向を強めていった。日本でも同様で、特に90年代以降、若者のジャズ離れは加速する。70年代後半から80年代にかけて、日本では夏場に、ライブ・アンダー・ザ・スカイ、ニューポート・ジャズ・フェスティバル・イン・斑尾《まだらお》、マウント・フジ・ジャズ・フェスティバルという大規模ジャズ祭が開催され、ジャズ文化の大衆化に寄与していた。しかし、90年代に相次いで、これらのイベントは中止・休止の憂き目を見る。ジャズにとって、厳しい時代が到来したのだ。

そんな時期に彗星のように登場したのが、ピアニストの小曽根真だった。バークリー音楽大学（70年にバークリー音楽院から改称）で学び、83年に米国のCBSと契約し、いきなり世界デビューした。日本に戻り試行錯誤する時期を経て、99年に再渡米。ゲイリー・バートン（ビブラフォン）との共演作がグラミー賞の候補に上るなど、再び国際的な評価を上げている。2017年11月にはニューヨークで、ニューヨーク・フィルをバックにガーシュウィン「ラプソディ・イン・ブルー」とバーンスタイン交響曲第2番「不安の時代」を演奏しており、着実に前進している。03年にインタビューした時に、こんな話をしてくれた。

「若くしてCBSと契約した当時は、今思えばおごりもあったのでしょうね。自宅には古い電気ピアノしかなく、親しいミュージシャンに『まさかこれで練習しているの』とあきれられることもありました。『技術はあるが難解』などと言われ、CBSから契約を打ち切られ、日本に戻った時は、『ならば、うんとポップな作品を作って売れてやる』と考え、大失敗。その時々のわがままな音楽をやっていたが、実のところ、本当に奏でたい音楽を忘れていた。技術も方法論も、内から湧き出るものが明確になって、初めて役に立つことを思い知り、一皮むけたのかなと思います」

1990年代以降の日本ジャズ界は、女性奏者の活躍が目立つ。バークリー音楽大学留学後、93年に鮮烈なデビューを果たしたピアニストの大西順子、米西海岸を拠点とし、2001年のアルバム「ディープ・ブルー」がビルボード誌コンテンポラリー・ジャズ部門で1位に輝くなど成功を収める松居慶子（ピアノ）、ニューヨークを拠点に国際的に高く評価される山中千尋（ピアノ）、さらに、木住野《きしの》佳子（ピアノ）や寺井尚子（バイオリン）らが存在感を発揮した。

そんな中、00年代に入って、大きく世界に飛躍したのがピアニストの上原ひろみだった。１９７９年生まれで、10代からその卓越した技術が評判になっていた。バークリー音楽大学に留学。２００３年に米国の名門レーベル、テラークと契約し、世界デビューを果たした。この時のことを08年のインタビューでこう語っている。

「夢見ていたことなので、うれしかった。でも、それは世界の人に自分の音楽を届ける権利を手にしたということに過ぎない。それを生かすも殺すも自分次第。気が引き締まりました」

上原はそれを生かした。客演したスタンリー・クラークのアルバムが11年にグラミー賞を受賞。さらに同年、アンソニー・ジャクソン（ベース）、サイモン・フィリップス（ドラムス）を従えてのアルバムを発表。このトリオでは４作目となる16年の「スパーク」がビルボード誌ジャズ・チャート１位となった。シンセサイザーを導入するなどフュージョン（というよりプログレッシブロックと言った方がいいかもしれない）的な作風も打ち出し、フジロック・フェスティバルなどロック祭でも大声援を浴び、若い世代に支持される。１９９０年代以降、停滞気味だった日本ジャズ界において、起爆剤的な活躍を続けている。

「私でなくては生み出せない音楽を奏でたい。だから、いわゆるジャズらしいといった型に縛られるつもりはない。そもそもジャズは様々な音楽要素を飲み込み、発展してきた音楽なのだから」

上原の世界的な活躍は、後述するように2010年代に続々と世界に飛躍する後進たちに、勇気を与えたように思える。世界的な評価を考えると、自らのリーダー作によるグラミー賞の最短距離にいるのは間違いないだろう。

大統領からの礼状

話が少し進み過ぎた。1980年代後半、日本ジャズ界の停滞傾向をよそに、貞夫は歩を進める。88年5月に米ロサンゼルス市から、名誉市民賞を受けた。当時のトム・ブラッドリー市長が音頭を取って国際交流に貢献した人を顕彰するために設けられた賞だった。

「78年に出した僕の代表作『カリフォルニア・シャワー』はロサンゼルスで制作し、その後のアルバムも、特に西海岸で支持されていた。ブラッドリー市長は、ラジオで僕の音楽を聴いて興味を持ってくれたそうですが、5月12日の授賞式では市長から直接、認定書をもらい、翌日にはサダオ・デイとして、1500人収容のホールでコンサートを開くことができました」

また95年には、貞夫が60年代に留学したボストンのバークリー音楽大学から名誉博士号を与えられた。「体調を崩し、卒業することなく帰国したので、本当は中退にすぎないのですが、ありがたくいただきました」と言う。そしてこう続けた。

「戦後、宇都宮にやってきた進駐軍の隊列を見て、無邪気に『かっこいいなあ』と感じ、駆け出し時代には進駐軍クラブ回りをして、そのまばゆいばかりの華やかさに圧倒されました。米国は常に僕のあこがれでした。その米国に、僕の音楽が認められるのは、本当に名誉なことでした」

「若い頃は、いかに本場のジャズに近づくかに腐心していました。ところが、米国の第一線の奏者たちと共演するようになると、『サダオのサックスは独特の湿り気がある』『サダオの作る曲は日本的情緒がある』など、米国の音楽家にはない個性を指摘されました。結局は自分の音楽が持つ日本的なムードは消しようがないということ。ブラジルやアフリカなど世界各地の音楽に触発されることが多いが、それを忠実に真似て演奏しても、現地の音楽家にはかなわない。日本人の自分というフィルターを通して、いかに多くの人の心に響かせるかが重要なのでしょう。とりたてて日本的な部分を強調する気はないけれど、自分の曲や演奏からにじみ出るものを大事にすればいいと思うようになりました」

興味深いことだが、米国で暮らす秋吉敏子は、「日本人ならではのジャズ」という命題に向き合わざるを得なかった。逆に貞夫は本場のジャズに近づくことを目指しながら、自らの日本的な感性に気付かされることになったのだ。

96年には米国のビル・クリントン米大統領の前で演奏する機会を得た。4月18日、来日中の大統領を迎え、橋本龍太郎首相主催の昼食会が開かれた。そこで数曲披露したのだ。

「大統領はジャズ好きで自らサックスを吹く。そこで飛び入りできるように、舞台にサックスを置き、『Bフラットのブルースをやります』と指定して演奏を始めました。残念ながら、共演は実現しなかったけれど、終了後、用意したサックスをプレゼントすると、それを高々と掲げ、喜んでくれました。後日、署名入りのお礼状までいただいたのです。進駐軍を初めて目にした時には、この国のリーダーから礼状をもらうなんて、夢にも思わなかったですね」

チベットの思い出

貞夫は１９９６年、テレビのドキュメンタリーの取材で初めて中国・チベット自治区に足を踏み入れた。貞夫にとって、新たな大切な出合いとなった。

「チベット自治区は標高４０００〜５０００メートル。空気は薄く、昼夜の寒暖差は激しい。でも、厳しい自然の中で暮らす人々は、素朴で温かだった。取材班がテントの設営に手間取っていると、どこからともなく、人が集まって来て、手伝ってくれる。皆ニコニコと笑って、人なつっこい。僕はチベットが大好きになってしまいました」

翌年、テレビの仕事で再訪した時は、西チベットのカイラス山を目指した。険しい山道づたいに丘を越え、

貞夫がプレゼントしたサックスを掲げるクリントン元大統領

そびえ立つカイラス山の威容を目にした時、貞夫は感極まって何も言えず、カメラマンに抱きついてしまったという。「本当は、ディレクターから感想を言うよう指示されていたのですが――」と苦笑いする。

「あの壮大な自然とそこに暮らす人々の温かさに触れ、小さなことにくよくよしても始まらないと思うようになった。僕の人生観に影響を与えた場所でした」

２００８年3月、チベットは中国の支配に対する不満から大規模な暴動が発生。軍が鎮圧に当たり、多数の犠牲者が出た。

「暴動は、僕にとって悲しい出来事でした。犠牲になった方々を悼み、チベット問題に思いをはせて作った曲が、09年のアルバム『イントゥ・トゥモロー』に収めた『タイムズ・アゴー』でした。この曲も現実を悲嘆するのではなく、未来への希望をにじませ、ほのかな光を感じさせる曲調にしました。やはり僕には悲しい曲は書けないようです」

阪神大震災と東日本大震災

１９９５年1月17日午前5時46分、兵庫県南部を襲ったマグニチュード７・３の阪神大震災は、最大震度7を記録。６４００人の死者を出し、住宅全壊は10万棟に上った。

次々と報じられる悲惨な被害状況に、貞夫はただただ心が痛むばかりだった。その後、神戸市から震災1年の追悼コンサート「阪神・淡路大震災メモリアルコンサート」への出演と、鎮魂曲の作曲を依頼された。

「僕はどうも悲しい曲を書くのが苦手。この時も悲しみを前面に出したくなかった。亡くなった方々に思いをはせた時、『アイム・ウィズ・ユー（私はあなたといっしょにいます）』というタイトルを最初に思いついたのです。大切な人を思い浮かべ、ずっと寄り添っていいたい。そんな感情を込めて作りました」

コンサートは96年1月16日夜から翌朝まで、夜通し開かれた。地震が起きた17日午前5時46分に会場の全員が黙とうをささげるのと同時に、米国のジャズ・ベースの巨人、レイ・ブラウンのバンドとともに「アイム・ウィズ・ユー」を演奏した。

「悲しみ、優しさ、厳かな気持ちが混然となった、何とも不思議な感情がこみ上げてきました」

阪神大震災から16年後の２０１１年3月11日午後2時46分、宮城県沖でマグニチュード9・０の東日本大震災が発生。巨大な津波が東北から北関東の太平洋沿岸部を襲い、1万８０００人を超える死者・行方不明者を出した。さらに地震の影響で、福島第一原子力発電所で放射能漏れを起こし、多数の周辺住民が長期間の避難生活を強いられた。戦後最悪の震災となった。この時も貞夫は東北応援ツアーを続けるなど、地道に被災地支援を行っている。

その前年の11月23日、貞夫は最愛の妻、貢子に先立たれるという悲しい出来事に見舞われた。人生の伴走者として心のよりどころになっていただけでなく、貞夫の音楽事務所の社長も務め、まさに公私両面で大切な伴侶だった。

「11月5日に脳こうそくで倒れ、最初は2、3日がヤマと言われたのですが、23日まで頑張ってくれました。『私がいなくなってもしっかりしてください』と貢子が心の準備をする時間をくれたように思いました。貢子を失った悲しみが癒えず、喪失感に包まれていた時期に東日本大震災が起きた。肉親や友人を失った被災者の心情が、とても他人事とは思えなかったんです」

11年10月に貞夫はアルバム「カム・トゥデイ」を出した。ここで、震災被災者を思い、励ます2曲、そして貢子への思慕を込めた2曲を収めた。

「バラードの『ホワット・アイ・シュッド』は、震災被災者のために自分が何をできるか自問しながら作った。アップテンポの『ウォーム・デイズ・アヘッド』は冬から春へと向かう震災発生時の季節感に復興への願いを託しました。一方、バラード曲『シーズ・ゴーン』は亡き妻の追悼曲。そして幼い頃に母が歌ってくれた『江戸子守唄』の旋律を織り込んだ『ララバイ』は、妻と母への思いを重ねた曲です」

悲しみ、喪失感、愛しみ、感謝、鼓舞——。「カム・トゥデイ」は、様々な感情が交錯している。どの楽曲も聴きごたえがあり、個人的に大好きなアルバムだ。

子供たちとともに

１９９０年代半ば以降、貞夫のライフワークになっているのが、子供たちに音楽の楽しさを伝える活動だ。

きっかけは、95年に故郷・栃木県で開催された国民文化祭の開会式で演奏する中学生の指導を頼まれたことだった。ブラジルから打楽器を取り寄せ、毎月県内3校を回り、計２００人以上の生徒に1年がかりでサンバのリズムを教えた。

「仕事の合間を縫って時間を捻出するのは大変だったのですが、最初はシャイでおとなしかった子供たちが、楽器を持つと生き生きとした笑顔でたたき出すのを見て、僕自身が楽しくなってきました」

10月の本番では3校の生徒が一緒に、貞夫がこの日のために作った「ハッピー・ドラムス」を、打楽器とコーラス、そして貞夫のサックスで演奏した。「何しろ200人を超える大編成が生むリズムの洪水は圧巻。ステージの上で思わず興奮してしまうほどでした」と振り返る。

「1年で終わらせるのはもったいない」ということになり、翌年から県の予算がつき、「リズムスクール」という形で続くことになった。

「子供の時に音楽の楽しさを知ってほしい。それは、人生に彩りを添えることにもなる。次第にその点を強く意識するようになりました。特に日本の音楽教育は旋律重視でリズムは脇に追いやられている観がある。皆でリズムに浸る、例えば盆踊りやお祭りに通じる楽しさを伝えられたら、皆、もっと音楽を好きになってくれると思います」

子供たちとの活動は、その後どんどん発展していった。2005年の国際博覧会「愛・地球博（愛知万博）」では貞夫が日本政府出展事業の総合監督を務めることになった。その時は世界の子供たちが共演するコンサートを試みた。

6月7日～12日に「渡辺貞夫リズムワールド」と題し、貞夫の指導する栃木の中高生に、各地の和太鼓や合唱グループ、さらに米国のゴスペルグループ、ブラジルやセネガルの打楽器グループなど、5大陸から少年少女約250人が共演した。貞夫も舞台に立ち、公演のために作った「シェア・ザ・ワールド」「ヤラヤナ」などの曲を披露した。8月には、出演者を約450人に増やした拡大版「地球サウンド」というコンサートも開いた。

愛知に続き08年に開催されたサラゴサ国際博覧会（スペイン）でも、7月のジャパンウィークで2日間、4か国の子供たちによるコンサートを開いた。

「リズムで世界の子供たちをつなぐ。僕自身、思いついた当初は、夢物語だなあと思ったが、粘り強く積み重ねることで、実現にこぎつけ、継続することができたのです。参加した子供たちが、世界の中の自分を意識し、世界に向かって羽ばたいてくれれば。そう願っています」

11年11～12月、貞夫の音楽活動60周年記念ツアーでも少年少女たちによる合唱団やパーカッションチームが加わり、祝祭の華やぎを加えた。

第10章　呼ばれればどこにでも

ふたたびニューヨークへ

　1982年10月、秋吉敏子一家は10年間暮らしたロサンゼルスからニューヨークに戻った。ビッグバンドの仕事が忙しくなり、タバキンがテレビの仕事を辞め、ロサンゼルスにいる理由がなくなった。何より、「やはりニューヨークはジャズの最前線。そこで刺激を受けながら、創作、演奏活動を行いたいと思った」からだ。

　ロサンゼルスのスタジオ・ミュージシャンを中心に編成したこれまでの秋吉敏子＝ルー・タバキン・ビッグバンドに終止符を打ち、ニューヨークの奏者たちと新たなバンドを結成することになった。

「私たちのビッグバンドは、すでによく知られた存在だったので、その音楽性を理解した上で一緒にやりたいという奏者は相当数いて、メンバー集めにはさほど苦労はしませんでした。これまで築いたカラーを引き継ぐために、サックス奏者はフルートやクラリネットの持ち替えができることをメンバー集めの基準にしました」

翌83年初頭にメンバーを固め、ロサンゼルス時代のバンドと区別するため、秋吉敏子ジャズオーケストラ・フィーチャリング・ルー・タバキンと命名した。

「ロサンゼルス時代は2時間半50セントというただみたいな値段でリハーサル室を使えたが、ニューヨークでは1回の練習で軽く100ドルを超えてしまいます。数年間は以前のように週1回の練習を続けたが、そのうち、負担が重くなり、月1回の定期練習とコンサート前日の練習という形になってしまいました」

同年の初夏には、新バンドのデビュー・コンサートを行い、翌年には新バンドとして初のアルバムとなる「テンガロン・シャッフル」を出した。敏子はニューヨークで順調なスタートを切った。

委嘱作品

1980年代後半から敏子は作曲の委嘱を求められるようになる。作曲家として新たな展開と言えるだろう。「奏者の個性を生かすという当時の私の作曲スタイルから、原則として私たちのバンドが演奏することを前提に引き受けました」と言う。

彼女にとっての初の委嘱作品は、89年、福岡で開かれたアジア太平洋博覧会で初演するために、福岡市から依頼された「鴻臚館《こうろかん》組曲」だった。鴻臚館は平安時代にこの地に設立された交易のための施設。敏子はシルクロードをイメージして作曲した。91年には横浜市の委嘱により、国連ピースメッセンジャー都市会議で演奏するための「チルドレン・オブ・ザ・ユニバース」を作曲した。

また、青森県森田村（現・つがる市）からの委嘱で、94年、同地の野外劇場こけら落としのために、「組曲：フォー・シーズンズ」を手掛けている。森田村は青森県北西部の山間の農村。敏子は曲作りのため4回現地を訪れ、四季の風物に触れ、構想を膨らませた。

「ヴィヴァルディの『四季』は春から始まるが、そうすると冬で終わらなくてはならない。森田村の雪に閉ざされた静寂の冬が終章となるのは、少々寂しいと思ったのです。そこで、静かで冷たい休息の冬（第1楽章『リポーズ』）で始まり、リンゴの花咲き浮き立つ春（第2楽章『ポリネイション』）、豊作を祈る祭りで活気づく夏（第3楽章『ノリト』）、そして農村にとって最大の喜びである収穫の秋（第4楽章『ハーヴェスト・シャッフル』）といった季節感を意識し、静から動、陰から陽の流れで、歓喜の中で終わる曲に仕上げました」

そして委嘱作品の中でもとりわけ思い出深いものとなったのが、デューク・エリントン生誕１００年をテーマとした99年のモンタレー・ジャズ・フェスティバルのために、実行委員会から委嘱された「エリントンの人生を描いた30分の組曲」だった。敏子が最も影響を受けた音楽家として、まず、「駆け出し時代は彼のように弾けることだけを目標に精進した」というバド・パウエルが挙げられる。そしてもう一人がエリントンだ。

「エリントンは黒人という自分のルーツに根差した音楽を作り続けた。その姿勢、精神にはとても感銘を受けていました。だから、私も自分のルーツがにじむ音楽を生み出さなくてはならない。そう思うようになったのです。エリントンという羅針盤がなければ、特に『孤軍』で明確になった作曲家としての自分ならではの道は開けていなかったでしょう」

パウエルがピアニストとしてのアイドルでありお手本だとしたら、エリントンは作曲家、もっと言えば芸術家としての精神、哲学の師。いずれも敏子の血肉の基となったと言えよう。そのエリントンをたたえる曲の注文が来たのだから、自然と力も入る。同年のモンタレー・ジャズ・フェスティバルで初演されたのだが、その直後、敏子にインタビューした時に、こんなことを語っていた。

「引き受けた時は何のアイデアもなく、3か月ほどはただ考えるだけ。ようやく、1曲目でエリントンの誕生を祝い、2曲目で天国にいるエリントンを追慕し、3曲目でその偉業をたたえるといったおおまかな構成のようなものが浮かびました。単にエリントンへのオマージュとなっているだけでなく、私自身の署名性も感じてもらう曲にすることに苦心しました。なぜなら作家の署名性こそエリントンが重視していた価値観だと思うからです。雅楽的な旋律や和太鼓の導入など、試行錯誤を重ねながら、完成させました」

同年、この組曲を含むアルバム「トリビュート・トゥ・デューク・エリントン」を録音した。これまで、ビッグバンドではオリジナル曲（大半が敏子の作だが、一部ルー・タバキンの曲も含まれている）しか演奏しないことにしていた。しかし、このアルバムでは初めてその原則を破り、エリントン作品を3曲取り上げた。彼女にとって、エリントンがいかに特別な存在だったかわかるだろう。

「でも3曲ともオリジナルから離れて、独自の解釈、編曲で演奏しています。ここでも自分の署名性を重視しました」

その姿勢もまた、エリントンへのオマージュだったのだろう。

広島への祈り

世紀が変わる頃、敏子は被爆者の追悼と平和への祈りをテーマとした大作の作曲に取り組むことになった。発端は被爆者の慰霊に尽力する広島の住職からの委嘱だった。満州で終戦を迎えている敏子にとって、「孤軍」同様、正面から向き合うべきテーマだったと言えよう。

帰国するたびに広島を訪れ、平和記念公園、原爆ドームなど原爆にかかわる場所を訪れ、構想を膨らませた。

その過程で、敏子は平和記念公園に設置されている亀の台座の碑とそこに花をささげ祈る人の姿を見た。それは韓国人原爆犠牲者慰霊碑だった。徴用工などとして広島に渡って被爆した韓民族の霊を慰めるものだった。

「原爆で亡くなったのは、日本人だけではないという事実に気が付いたのです。中国人や捕虜となっていた米国人が犠牲になったことも知りました。この問題を世界中が共有してほしいという願いを託しました」

3楽章から成る40分の大作「ヒロシマ　そして終焉から」は、2001年8月6日、広島厚生年金会館で初演された。さらに2年後、ニューヨークの音楽の殿堂、カーネギーホールで米国初演も実現させた。

さて、組曲の終章は、平和への願いを込めた温かなバラード「希望」だが、近年、組曲から独立した形で、大半のコンサートの最後で演奏している。きっかけは、01年の米国同時テロだった。

「広島での組曲の初演を終え、ニューヨークに戻ると、ほどなくテロが起こったのです。どんな状況でも平和への希望を捨ててはならないというメッセージを込めた『希望』という曲は、戦乱やテロが絶えぬ今の時代に演奏すべきだと決意しました。音楽家は世界を変えられない。だからといって私は沈黙したくはない。音楽を通し『私はこう考える。こうすればいいと願っている』ということを表明することで、小さな波紋を投げかけることは、意味があると信じています」

今や「希望」は敏子の代表曲の一つとして、ファンたちに親しまれている。

栄誉

1986年、敏子は自由の女神像完成100年にちなんで制定されたリバティ賞を受賞した。ダウンビートの読者投票では毎年のように1位になる一方で、米国音楽界最大の栄誉とされるグラミー賞のビッグバンド部門では70年代から80年代にかけて毎年のように候補となりながら、遂に一回も受賞できず、米国社会の見えない壁を感じることもあった敏子にとって、この受賞はうれしかった。さっそく「リバティ組曲」を作曲して、同年のアルバム「ウィッシング・ピース」に収録している。

99年には日本人として初めて「国際ジャズ名誉の殿堂」（カンザスシティー）入りを果たした。さらに2006年、これまた日本人で初となる国立芸術基金ジャズマスターズ賞を受けた。ジャズの本場・米国で敏子は名実ともに認められ、その名を歴史に刻みこんできた。

「とても光栄なことですが、思えば不思議でもあります。東洋人の女性という物珍しさから、米国に渡った当初は恵まれたスタートを切れました。でも、次第に米国ジャズ界の女性、東洋人ということに対する偏見のようなものを感じ、悩むようになりました。でもこうやって、様々な形で顕彰されることで、自分は少しずつだが、その偏見を超えてきたのかなと思えるようになりました。同時に、70年代にジャズの世界に何の痕跡も残していないことに無力感を覚え、引退を決意した自分が、それから約30年の時を経て、ようやく少しは自分がジャズ史に足跡を残すことができたということなのかなと思えるようになりました。短いようでもあるのですが、やはり長い道のりだったのです」

日本でも紫綬褒章（97年）、旭日小綬章（2004年）をはじめ、数々の栄誉に浴している。パイオニアが苦闘の末につかんだ正当な評価だ。

ビッグバンド解散

2003年、敏子はロサンゼルス、ニューヨーク合わせて30年続けてきたビッグバンドを解散した。それ以前数年間考えてきたことを遂に実行したのだ。ジャズ市場が長期にわたって停滞している中の決断だったため、経済的に大編成を維持することが困難だったことも一因なのかなと思い、尋ねたこともあったが、「それは違います。最盛期に比べ減ったとはいえ、仕事はありましたし、現に他のバンドに比べ、うちはメンバーに高給を支払っていましたから」と否定していた。

そして、解散の理由をこう語った。

「ビッグバンドは私の曲を最良の形で表現する場でした。そのため、ビッグバンドでは、どうしても作曲家の意識が先に立ってしまう。私はただでさえ曲作りに時間がかかる上、委嘱作品の依頼が少なからず寄せられ、ますます作曲に割かなくてはならない時間が増えていました。一方でピアニストとしては、他のメンバーのソロを入れるため、自分のソロを削ることも少なくなかった。作曲家としての自分と奏者としての自分を考えた時、最後は自分の音楽家としての原点であるピアノに専念したいと思いました」

米国では10月にカーネギーホールで大規模な解散コンサートを開き、先述したように組曲「ヒロシマ　そして終焉から」の米国初演も果たした。その後、日本でもビッグバンド最後のツアーを行った。

筆者は11月27日のブルーノート東京での公演を聴いた。代表曲「孤軍」では、幻想的なハーモニーを背に、ルー・タバキンがゆらぎのある篠笛のようなフルートを奏でる。「アイ・ノウ・フー・ラヴズ・ユー」では、トレードマークのフルートのアンサンブルで、優美な色彩感覚を演出する。こういった繊細な品格は、敏子のビッグバンドの際立つ個性と言えるだろう。一方、終演後の夜遅くようやく食事にありついた経験を基にした「ミラノの饗宴」では、変則的な5拍子のリズムに乗り、サックス、トロンボーン奏

2003年、ニューヨークのジャズクラブでの敏子

者たちが次々とソロを回す。スリルとスピード感の中、ゲップを模したというバリトンサックスが何ともユーモラスだ。途中からは日本を代表するトランペット奏者の日野皓正がゲスト参加し、タバキンと火花を散らすようなソロの応酬を繰り広げた。

約1時間半のステージは最後という気負いを感じさせず、芸術性と肩の凝らない楽しさを、自然な形で同居させていたのは見事だった。敏子にとって、ビッグバンドは活動母体だっただけではなく、彼女ならではの作曲に必要な存在だ。解散は否応なくミュージシャンとしての歩みの転機となるだけに、何とも残念という思いを強くしたのを思い出す。

日本から戻った後、ニューヨークのライブハウスでのレギュラー出演をこなし、12月、敏子のビッグバンドは終幕を迎えた。

バンドを解散した敏子は米国では主に小編成のコンボで公演してきたが、日本ではソロピアノでの活動が多い。

「ビッグバンド時代は移動や滞在にも多額の経費がかかり、来日時も動員の見込める大都市でしか公演できなかった。その反動で日本全国津々浦々こまめに回りたいと思ったのです。その際、もっとも経費を抑えられるのがソロピアノというわけです。ほかの楽器ではなかなか難しいのですが、ピアノはソロでもライブができる。楽器を持ち運ぶ必要もなく、自分だけ動けばいいから、身軽でいいですよ」

信じがたいことだが、老齢の世界的な大物であるにもかかわらず、敏子はある時期からマネージャーを置いていない。単身来日し、一人で国内を移動している。

「スケジュールさえ許せば、呼んでくれる場所にはどこでも行く気持ちです。公演を引き受ける条件は、宿を手配してくれることと、最寄りの駅や飛行場まで送り迎えしてくれることだけです」

第11章　歩みは続く

老いを超えて

筆者は秋吉敏子と渡辺貞夫に、２０１７年から18年にかけて複数回、インタビューを行ってきた。19年1月時点で、敏子は89歳、貞夫は85歳となった。普通の人ならとっくに楽隠居を決め込み、健康の維持も難しくなっている年齢だ。

しかし二人とも、背筋は伸び、ライブでは円熟味を増しつつも力強い演奏を聴かせ、会えば、身振り手振り、ユーモアを交え、闊達《かったつ》に話してくれる。取材するたびに、そのパワーに圧倒され、頭が下がる思いがする。ここでは両者の近況やその境地を紹介する。

旅と出会いの人生

貞夫は近年、活動のペースを上げているとさえいえる。２００９年のアルバム「イントゥ・トゥモロー」は6年ぶりのオリジナル作品だったが、その後は2年おきに新作を発表、その合間にライブ盤などを発売し、ほぼ毎年のようにアルバムを出している。さらに様々なスタイルでのライブをこなしている。

17年を例に取ろう。6～7月にブルーノート東京で日本人奏者と編成した自身のビッグバンド公演、9月の東京ジャズではデイヴ・グルーシンやリー・リトナーら米国の大物と1970年代のフュージョン時代の世界観を再現、9～10月にはモニカ・サルマーゾらブラジルの音楽家を従えて、同地の音楽を基調とする公演ツアーを行い、12月には全国7都市でサイラス・チェスナット（ピアノ）ら米国人奏者とともにビバップを聴かせるクリスマス・コンサートを開いた。その合間にレギュラーバンドを率いての全国各地でのライブをこなす。

一方、前年東京で開いた国内外の奏者から成るビッグバンドを率いての公演を収めたライブ盤「アンコール！」を5月に出し、10月にはスタジオ収録の新作「リバップ」と、クラシックのピアニストの小林道夫とともにバッハの曲を演奏した2000年の東京・サントリーホールでのコンサートを収めたライブ盤「プレイズ・バッハ」を同日発売。この年だけで3枚のアルバムを出している。その精力的かつ多彩な活動ぶりは、すさまじいばかりだ。

「雑食性は相変わらずですね」と笑う。そして、「理想は自分と3リズム（ピアノ、ベース、ドラムス）というシンプルな編成でビバップをやることなんですが、それだけでは色が足りないと思い、いろいろなコンセプトでやりたくなっちゃうんですね」と続けた。

ビバップを追求したオリジナル作「リバップ」は、これまでになく曲作りが順調にいき、17年初めには全曲書き上げていた。

「表題曲は今までの自分の中にはなかったメロディーが浮かび、コード進行も新しい試みでした。自分なりに挑戦できたことには満足しています。ただ、ニューヨークでのレコーディングでは、ブースに入ってヘッドフォンをつけての演奏が年のせいかしんどくて、今一つ納得できず、スタジオ録音に限界を感じた。何とかしなくてはならないですね。その不満は、ライブで晴らすつもりです」

近年、貞夫に新作にまつわるインタビューをすると、「ここが納得できない」という言葉をかなりの頻度で聞く。筆者は四半世紀にわたって様々なミュージシャンのインタビューをしてきたが、新作が出た直後のインタビュー（それは基本的には自作の宣伝を目的に行われる）で、平然と不満点を口にする音楽家は極めてまれである。そこに貞夫の飽くなき創作意欲を感じるのだ。

それはライブでも同様だ。大御所のライブは自身の代表曲を中心に構築することが多いのだが、貞夫のステージはそうならない。顕著だったのは、11年の活動60周年記念コンサートで、その時点での最近作「カム・トゥデイ」収録曲を軸に披露する一方、大人気曲「カリフォルニア・シャワー」を外した。節目のリサイタルでも「まだ自分を総括する時ではない」とばかりに、現在進行形の音楽を打ち出す姿には凄みがにじんでいた。

「結局は僕の雑食性は、旅と出会いによってはぐくまれたと思います。米国留学を手始めに、ブラジルなど南米、スイスやスペインなど欧州、ケニア、タンザニアといったアフリカ諸国、チベットやインドネシアをはじめアジア圏……。これまで世界各地を訪ね歩き、現地の音楽や自然の音に触発され、自分の音楽の幅を広げてきたのだと、改めて実感します。それが多くの人に楽しんでもらえ、ジャズの裾野を広げることができたという達成感はあります」

影響を受けた音楽家や自らにとっての恩人の名を挙げてもらった。

「奏者としては、チャーリー・マリアーノ。秋吉敏子さんの最初の旦那様ということもあって、1960年代から交流がありました。彼が来日した時には、僕の家に居候して、一緒にツアーしたり、レコードを作ったり。ステージではいつも2人フロントに並んで吹いていたから、彼のミュージシャンシップを直《じか》に感じる。真摯に音楽に向き合い、演奏のエモーションには感銘を受けました。知らない曲も随分教えてもらい、僕の中では、チャーリーは先生でした。終始歩みを止めなかった人で、晩年の作品では、一音一音がそれぞれ意味を持ち、濃密で研ぎ澄まされている。まさに僕の目指す演奏のイメージでした」

「ビバップ一辺倒だった僕を、ほかの音楽に目を向けさせてくれたのが、ゲイリー・マクファーランド。米国留学中の65年にゲイリーのバンドに加わった頃、彼の『ソフト・サンバ』というアルバムが大ヒットしていました。ブラジル音楽なんて何も知らなかったのですが、毎日演奏するうちに、興味を覚えるようになりました。音楽に対する姿勢や考え方は、彼からの影響が大です。ゲイリーはビブラフォンをたたきながらちょっとハミングするのが何ともかっこいい。作り出す音楽もそのライフスタイルも何から何まで様になっていて、センスがいいとしか言いようがない。そこにあこがれました」

「そして忘れてはならないのが、秋吉敏子さん。厳しくも優しいリーダーで、彼女が僕のバークリー音楽院留学に奔走してくれなければ、今の僕はありません。そしてフルートを教えてくれた林リリ子さん。ずっと独学、自己流でやってきた僕にとって、初めてついた先生でした。クラシックの基礎を学び、『クラシックもいいものだな』と思わせてくれました」

自身の作品の中で、重要な五つのアルバムを選んでもらった。心寄せるブラジル音楽を現地に飛び、本場のミュージシャンと録音した68年の「ブラジルの渡辺貞夫」、フュージョン全盛時代にハンク・ジョーンズ（ピアノ）ら最高のメンバーとともにビバップを追求した76年の「アイム・オールド・ファッション」、米国の一流奏者を従え、フュージョン・サウンドに挑んだ77年の「マイ・ディア・ライフ」、本格的にクラシック作品に挑み初めてアルバムという形にした2017年発売の「プレイズ・バッハ」。そして「別の意味で印象に残っている」と語るのが、1983年の「フィル・アップ・ザ・ナイト」だ。

「肝炎の闘病の時期で、入院していた病院で曲作りしました。ラルフ・マクドナルドのプロデュースでニューヨーク録音したのですが、ほぼラルフに任せっきり。『もう少しこうしておけば良かった』と思う部分もあるのですが、あの状況でアルバムを作ったということで、思い出深いですね」と語る。

多くの人が代表作と認める「カリフォルニア・シャワー」が入っていない理由を尋ねると、「フュージョン路線に乗り出したひとつ前の『マイ・ディア・ライフ』は自分のプロデュースだったので、デイヴ・グルーシンにプロデュースや一部曲作りを任せた『カリフォルニア・シャワー』より愛着があります」と語る。

年齢を感じさせない、近年の活動ぶりについては、こんな風に語っていた。

「僕にとって音楽は生きがい、これがなくなったら、生きている意味はないと思っているので、走り続けたいですね。演奏面でもまだまだ進化できると思っています。70年代に共演したハンク・ジョーンズ（91歳で亡くなる3か月前に来日公演をこなした）のように、最後までステージに立っていたいですね」

長く黄色い道

相変わらず敏子は、マネージャーをつけずに単身ツアーを行う。２０１７年9月に金沢ジャズストリートに参加。現地で会った時には、「新幹線が開通したのを知らなくて、東京から飛行機で来てしまいましたよ。しばらく来ない間に便利になりましたね」と笑っていた。

17年末には東京で世界の子供たちの貧困対策のチャリティー公演に夫のルー・タバキンとともに出演。さらに18年4〜5月にはソロピアノでの全国ツアーのために来日している。ソロ・ツアーでは当初、1か月で16公演という、まるで駆け出し時代のようなスケジュールを組んでいたが、途中体調不良で入院、一部公演をキャンセルしてしまうハプニングに見舞われた。ほどなく回復。退院後にインタビューした時には、すっかり元気そうで、「年を考えて、少し自重しなくてはいけませんね」と話していた。この時の最終公演となる5月3日の高槻ジャズストリートには出演、翌日ニューヨーク便に搭乗し、到着日の晩に地元でコンサートを開くという、信じ難いスケジュールをこなしている。

一方、3回の来日の合間を縫うように、17年12月に2枚組のアルバム「マイ・ロング・イエロー・ロード」を出している。

「17年に私は米寿（88歳）となりました。考えてみれば、私はピアノの鍵盤の数と同じ年になったのです。ピアニストとしての節目の記録を残そうと思い立ちました。これまでのキャリアを通して、その時々の自分にとって重要なレパートリーを選びました。例えばスタンダードの『ノー・ムーン・アット・オール』は1950年代から演奏しています。『ロング・イエロー・ロード』は私の名刺がわりのような曲。『希望』は2001年の米国同時テロ以降、コンサートで必ず演奏してきた平和への願いを込めた曲。いずれも私の中で熟成した曲ばかりです。9月にニューヨークのスタジオで2日間かけて録音したんですが、合計5〜6時間ほど、おおむねファーストテイクを使いました」

スタンダード曲、自作曲とも大半が過去のアルバムに収録されていた曲の再演だが、童謡「月の砂漠」を初吹き込みしているのが、目を引いた。

「異国へのロマンを掻き立てる歌詞が気に入り、ライブで演奏するようになった曲です。私が歌詞にひかれるのは珍しいんですが……。昔こんなことがありました。バークリー音楽院留学のためにボストンに渡って間もない頃、チャーリー・パーカーのバンドのピアニストだったアル・ヘイグと出会いました。私は『何かアドバイスしてほしい』と頼みました。すると、彼は『歌詞を考えろ』と言ったのです。当時は、『演奏のことを聞いているのに、妙なことを言う人だなあ』と思いました。でも、その言葉が今になってわかるようになりました。『月の砂漠』は、歌詞に触発され、演奏を組み立てていますから」

ワイン収集が趣味という敏子は、今もよく食べ、よく飲む。

「最近は、だいたい2年に1回は、日本全国をツアーするようにしていますが、それがあるから、頑張ろうと思えるようです」

これも若々しさを保つ秘訣の一つになっているようだ。

「最近は人前に出ずに、家で一人ジャズの研究をするのもいいかなと思うことがあるんですが、やはりお座敷がかかると、やりたくなる性《さが》のようです。まあミュージシャンは旅に出られなくなったら終わりですから」

自身にとって、重要な曲を5曲挙げてもらった。

「そうですね、まずジャズ・ピアニストとしての決意表明であり、私のテーマ曲のような『ロング・イエロー・ロード』、日本的な流れるような旋律とジャズのリズムをうまく融合できた『すみ絵』、それをさらに推し進め、日本文化とジャズの融合という作曲家として進むべき道を確立した『孤軍』、それと同じ方向性を持ちつつ、同時代に自分の周りで起きている出来事への問題意識を打ち出すことができた『ミナマタ』、組曲の中の1曲として作ったが、9・11以降、平和への願いを込め、独立した曲として演奏を続けている『希望』といったところが、自分の中で思い入れが強い曲ですね」

自分の音楽人生をどう考えているのだろうか。

「昨日より少しでもうまくなりたいと、毎日ピアノに向かう。それは10代で演奏活動を始めてから、まったく変わっていません。随分長い道を歩いてきましたが、まだ歩き切っていませんね」

敏子、貞夫ともまだ、旅は続くようだ。

終章　二人の役割

先にも書いたが、「米国留学時に日本に帰らず、そのまま残っていたらどうなっていたと思うか」という問いかけに、渡辺貞夫はこんな趣旨のことを語っていた。

「スタジオの仕事をこなしながら、そこそこ食べていけたと思うが、あのまま残っていたら、古典的なジャズばかりを追求する職人肌の音楽家になっていたかもしれない。帰国したことで、僕はブラジルやアフリカを旅することができ、音楽的に視野を広げられた。大会場でのオーケストラとの共演などは、日本にいたからこそ経験できたのです」

同じように、秋吉敏子に「留学を終えて予定通り帰国していたらどうなっていたと思うか」と尋ねた。

「帰国しても、そのままおとなしく日本に居続けたかどうか――。実際どうなったかはわかりませんが、日本人ならではのジャズを追求しようという考えはおこらなかったかもしれませんね」

両者の発言を聴いていると、日本ジャズ界にとって、天の配列は絶妙だったと思う。敏子は米国にとどまったからこそ、「日本文化とジャズの融合」という着想を得たのだろう。

それを開花させるのに必要だったのは、日本人というハンデと戦いながらジャズと格闘した米国での約20年の月日だった。そして、自らの成果を米国で発信した結果、スムーズに同地での評価を勝ち得ることができた。

敏子の存在は、米国で日本のジャズのステイタスを上げることにつながっていたし、今とは比べものにならないほど、海外が遠かった時代に、女性が単身米国に渡り、自ら道を切り開いていった姿は、後に続く日本のジャズ・ミュージシャンに大きな希望と勇気を与えたはずだ。そして忘れてはならないのが、自ら学んだバークリー音楽院に掛け合い、日本からの特待生受け入れを認めさせ、そこに貞夫を推薦した功績だ。

一方、貞夫が米国留学したまま米国に留まる道を選ばず、日本に戻ったことが、どれだけ日本ジャズの発展に寄与したことか。ボサノバ・ブーム、フュージョン・ブームを巻き起こし、ジャズの裾野を広げ、日本のジャズシーンをけん引してきた。さらに後進たちに米国留学の成果を惜しげもなく伝授し、菊地雅章、増尾好秋、富樫雅彦ら貞夫が主宰したジャズ講座の教え子、そして共演者たちが、1960年代に次々と頭角を現し、70年代以降、日本ジャズ界の主役となっていく。海外で成功した者も少なくない。貞夫という手本が日本にいて、様々なスタイルを打ち出してきたこと抜きに、この時期の日本ジャズ界の隆盛はなかっただろう。そして、貞夫の言葉にあったように、日本に帰り、トップとして君臨したことで得られた様々な経験が貞夫の音楽の幅を広げ、結果的に世界的な音楽家に押し上げたことは否定しようもない。

敏子が貞夫にバークリー留学のバトンを渡したこと、敏子が米国に留まりパイオニアとして道を切り開いたこと、貞夫が帰国しその成果を伝え自らも音楽的進化を遂げたこと。そのいずれのピースも、日本ジャズ史に大きな意味を持っている。

本書を執筆し始めた2018年、日本ジャズ界は、ひところの停滞を脱し、新たな芽吹きが見られた。バド・パウエルから多大な影響を受ける本格派ピアニストにして、ファッションモデルとしても活躍する01年生まれの甲田まひる。バークリー音楽大学大学院卒業で、初アルバムはDISK1でアコースティック、DISK2でエレクトリックを特集する2枚組の大作となった、ピアノとトランペットを操る〝二刀流〟奏者の曽根麻央。ミュンヘンを拠点に活動し、ドイツの名門レーベルＥＣＭから初のリーダー作を出したドラマーの福盛進也――。この年、将来が楽しみな大器が相次いでデビューしたのだ。

福盛の場合、ジャズに魅了され、高校時代から米国に留学し、その後バークリー音楽大学に進んだが、そこでの技術偏重の雰囲気になじめなかった。そんな時に聴いたＥＣＭの作品群に顕著な、現代音楽に通じる漂うような抒情美に出合い、「自分の目指す世界はこれだ」と感銘を受け、ミュンヘンに居を構え、演奏活動を始めたという。

「自分の音楽を追求しつつ、ＥＣＭからデビューするための戦略を考えていました。現地でのライブや知人の援助などでお金を貯め、ＥＣＭがよく使っていた北欧のスタジオでデモ音源を制作し、ＥＣＭに送ったところ、『君の音楽に興味がある』という連絡をもらい、デビューにつながりました」

こんな風に最初から国際的な舞台を目指す奏者が現れているのだ。

ほかにも、近年、東京芸大卒業のドラマーの石若駿、ピアニストの桑原あい、４人組のバンドＷＯＮＫなど若手が頭角を現している。

さらに、本場・米国で飛躍する才能が続々と誕生している。トランペット奏者の黒田卓也は、ニューヨークを拠点にブルーノート、コンコードといった米国の名門レーベルからリーダー作を出した。上原ひろみに続く、日本ジャズ界のニューリーダーといった存在になっている。さらに、ビッグバンドの作編曲が米国で高く評価され、16年のダウンビート誌の「未来を担う25人のジャズ・アーティスト」にアジア人でただ一人選ばれた作編曲家の挾間美帆、ジャズとヒップホップを横断する先鋭的なスタイルで、ア・トライブ・コールド・クエストの全米1位アルバム「ウィ・ゴット・イット・フロム・ヒア…サンキュー・フォー・ユアー・サービス」に参加するなど、米国で活躍するキーボード奏者のＢＩＧＹＵＫＩらが現地で高く評価されている。

彼らの多くが正統派ジャズ奏者としての力量を備えつつ、エレクトロニック、ヒップホップ、Ｒ＆Ｂ、現代音楽などからの影響を受けており、モダンな感覚に彩られた新たなジャズの潮流を築きつつあるようにみえる。

そういった今に連なる日本ジャズ史の源流に、本書冒頭に記した、１９５３年夏の敏子と貞夫の出会いがあった。

おわりに

本書執筆には少々の紆余曲折があった。

最初のきっかけは、２０１１年に読売新聞で25回にわたって連載した「時代の証言者　渡辺貞夫編」だった。「時代の証言者」は読売新聞で長期にわたって続く企画で、各界の著名人の半生を、その時々の歴史的な出来事を織り込みながら、一人語りの形で描き出すという体裁の記事だ。寄稿ではなく、記者がインタビューを基に構成するため、合計15～20時間程度の取材時間が必要になってくる。

筆者にとって、貞夫さんは中学時代にアルバム「カリフォルニア・シャワー」を聴いて以来大好きな音楽家だったので、その人生や哲学に触れることは、とても刺激的だった。無論それ以前にも何度もインタビューはしているのだが、幼少期や結婚生活など私的なことを聞いたのは、この時が初めてだった。貞夫さんの生み出す音楽の背景まで知り、その音楽をより深く理解することができ、いつの日か、貞夫さんの評伝を書いてみたいと思うようになった。しかし、その時はすぐに実行に移すことはしなかった。自分の中では、いずれ、もっと詳しく、多角的に調べる余裕が生まれた時にでもという意識だった。

　時が過ぎ、17年。この年は、ジャズレコードが世界で初めて発売されてから１００年の節目に当たっていた。このタイミングで、日本ジャズ界の重鎮たちにインタビューし、日本のジャズ史をあぶりだす連載を、11月に読売新聞に掲載した。実は、「ジャズレコード１００年」はお題目だった。日本ジャズを支えた巨匠は80～90代で、すでに物故した大物も少なくない。系統的に日本のジャズの歴史を総ざらえする最後のチャンスかなと思い、企画した。紙面も限られていたので、貞夫さん、秋吉敏子さん、原信夫さん、北村英治さん、山下洋輔さん、渡辺香津美さんの６人に絞り、生い立ちから音楽人生に至る長時間のインタビューを行った。無論、いずれの音楽家たちも過去に何度も取材したことがあるのだが、やはり人生全般に及ぶ話を聞いたのは初めてと言っていいだろう。

　そこで、改めて、貞夫さんと敏子さんの出会いが日本ジャズ発展の推進力になったことを痛感した。さらに日本ジャズを動かしてきた音楽家たちの生々しい証言、そこから浮かび上がる日本ジャズの歩みを、彼らが一線で活躍している今、記述しておきたいという思いに駆られたのだ。新聞記事になるということで、長時間の取材に応じてくれた大御所たちの証言は、それだけの重みを伴っていた。

幸い、17年の連載に登場してくれた6人以外にも、日野皓正さん、小曽根真さん、上原ひろみさん、福盛進也さんに加え本書に書ききれなかった多くのジャズ・ミュージシャンの取材をしてきた。ペギー葉山さん、菊地雅章さんといった物故した大御所にも話を聞いていた。また、19年2月に逝去されたジャズ評論家の児山紀芳さんにはこの場を借りてお礼を申し上げたい。筆者が音楽担当になって以来、四半世紀にわたり、ジャズについて様々なご意見・示唆をいただき、本書でも貴重な証言を掲載させてもらっている。物故するわずか半年ほど前に会食し、その時は大変にお元気そうだったので、訃報に接した時は言葉を失った。

一方で、本当だったら、是非、インタビューをしたかった、ジョージ川口さん、松本英彦さん、宮沢昭さん、富樫雅彦さんのほか、世代的に取材は不可能だった、南里文雄さんや白木秀雄さんらの生の声を伝えられないのは、残念である。

それでも、秋吉敏子さんと渡辺貞夫さんという、日本ジャズ界の最重要人物の証言を軸に、日本ジャズ史のダイナミズムの一端を描くことができたのではと思っている。それを楽しんでいただければ、幸いだ。なお秋吉さんは本来、「穐吉」と記述すべきところだが、「秋吉」の表記が多く使われ、またわかりやすさを勘案して「秋吉」と表記させていただいた。

主要参考文献

『ジャズと生きる』穐吉敏子著（岩波新書）、『孤軍 秋吉敏子 その人生と作品』全音楽譜出版社出版部編（全音楽譜出版社）、『エンドレス・ジャーニー』秋吉敏子著（祥伝社）、『シャープス&フラッツ物語』長門竜也著（小学館）、『戦後日本ジャズ史』平岡正明著（アディン書房）、『なつかしのジャズ名曲CDブック』北村英治著（アスコム）、『至高の日本ジャズ全史』相倉久人著（集英社新書）、『ジャズの証言』山下洋輔・相倉久人著（新潮新書）、『ジャズ昭和史』油井正一著（ディスクユニオン）、読売新聞、日本経済新聞

写真提供

秋吉敏子（11頁）
エムアンドエムスタジオ（21頁、44頁、58頁、１０７頁）
読売新聞社（１４５頁、１６２頁）
朝日新聞社（61頁、75頁、91頁）

西田 浩　1963（昭和38）年東京生まれ。上智大学文学部新聞学科卒業。読売新聞編集委員。ポピュラー音楽を担当し、数多くの洋楽アーティストを取材する。著書に『ロック・フェスティバル』など。

Ⓢ新潮新書

826

秋吉敏子《あきよしとしこ》と渡辺貞夫《わたなべさだお》

著　者　西田浩《にしだひろし》

2019年８月20日　発行

発行者　佐　藤　隆　信

発行所　株式会社新潮社

〒162-8711　東京都新宿区矢来町71番地
編集部(03)3266-5430　読者係(03)3266-5111
https://www.shinchosha.co.jp

印刷所　株式会社光邦

製本所　加藤製本株式会社

ISBN978-4-10-610826-6 C0273

ⓈShinchō Shinsho (新潮新書)

775
悪魔と呼ばれたヴァイオリニスト
パガニーニ伝
浦久俊彦

守銭奴、女好き、瀆神者。なれど、その音色は超絶無比――。自ら「悪魔」のイメージを身にまとい、死後も幽霊となって音楽を奏でているとまで言われた伝説の演奏家、本邦初の伝記。

732
能
650年続いた仕掛けとは
安田　登

なぜ六五〇年も続いたのか。義満、信長、秀吉、家康、歴代将軍、さらに、芭蕉や漱石までもが謡い、愛した能。世阿弥の「仕掛け」や偉人に「必要とされた」理由を、現役能楽師が語る。

745
「ポスト宮崎駿」論
日本アニメの天才たち
長山靖生

宮崎駿監督が独占してきた邦画興収ベスト3。その一角を崩した新海誠監督を筆頭に、今アニメ界には才能が続々と――。最初期の〝おたく〟だった著者が新時代を俯瞰する最良のテキスト。

645
三島由紀夫の言葉 人間の性
佐藤秀明　編

わずか45年の生涯で膨大な作品を残した三島由紀夫。その類稀なる知性と感性はいかなるものだったのか。人間の本質、世間の真理、芸術の真髄を鋭く衝く至極の名言集。

728
笑福亭鶴瓶論
戸部田誠（てれびのスキマ）

生い立ちから結婚、「BIG3」との交遊、「家族に乾杯」秘話まで、膨大な資料を駆使して、その長く曲がりくねった芸人人生を辿る。テレビじゃ絶対語らない、スケベで奥深い人生哲学！

Ⓢ新潮新書

646
スター・ウォーズ学
清水節
柴尾英令

なぜこの映画だけが「特別」なのか？ 誕生史から撮影秘話、世界観や物語の構造、新作の解説まで、二人のマニアが語り尽くすこの素晴らしき〈サーガ〉の世界。

491
ピカソは本当に偉いのか？
西岡文彦

「あんな絵」にどうして高い値段がつくのか？ 本当に上手いのか？ なぜ芸術家は身勝手な女性関係が許されるのか？ 現代美術のからくりをあばく、目からウロコの芸術論。

484
ホテルオークラ総料理長の美食帖
根岸規雄

濃さも味わいも倍の〝ダブル〟コンソメスープ、行列のできるローストビーフ。料理人歴五十年、「最後の総料理長」が初めて明かした饗応の極意とは。矜持と秘話に満ちた半世紀。

749
笑劇の人生
芦屋小雁

戦後長らく人を笑わせ続けて七十年。喜劇の〝怪人〟の破天荒な人生を通して、戦後上方芸能史のウラ側が見えてくる。最初にして最後の異色自伝、どうぞ、わろてやってください！

764
知の体力
永田和宏

「群れるな、孤独になる時間を持て」「出来あいの言葉で満足するな」――。細胞生物学者にして日本を代表する歌人でもある著者がやさしく語る、本物の「知」の鍛錬法。

Ⓢ新潮新書

644
市川崑と『犬神家の一族』
春日太一

『ビルマの竪琴』『東京オリンピック』『細雪』などの名作を遺した巨匠・市川崑。その監督人生と映画術に迫る。『犬神家の一族』徹底解剖、〝金田一〟石坂浩二の謎解きインタビュー収録。

582
はじめて読む聖書
田川建三 ほか

なるほど。そう読めばいいのか！　池澤夏樹、内田樹、橋本治、吉本隆明など、すぐれた読み手たちの案内で聖書の魅力や勘所に迫る。「何となく苦手」という人のための贅沢な聖書入門。

511
短歌のレシピ
俵 万 智

味覚に訴え、理屈は引っ込め、時にはドラマチックに――。現代を代表する歌人が投稿作品の添削を通して伝授する、日本語表現と人生を豊かにする三十二のヒント！

284
源氏物語ものがたり
島内景二

藤原定家、宗祇、細川幽斎、北村季吟、本居宣長、アーサー・ウェイリー……。源氏の魅力に取り憑かれ、その謎に挑んだ九人の男たちがつないできた千年を辿る、奇跡の「ものがたり」。

272
世紀のラブレター
梯久美子

「なぜこんなにいい女体なのですか」「覚悟していらっしゃいまし」――明治から平成の百年、近現代史を彩った男女の類まれな、あられもない恋文の力をたどる異色ノンフィクション。

Ⓢ新潮新書

506
日本人のための世界史入門
小谷野敦

「日本人にキリスト教がわからないのは当然」「中世とルネッサンスの違い」など、世界史を大づかみする〝コツ〟、教えます——。古代ギリシアから現代まで、苦手克服のための入門書。

809
パスタぎらい
ヤマザキマリ

イタリアに暮らし始めて三十五年。世界にはもっと美味しいものがある！　フィレンツェの貧乏料理、臨終ポルチーニ、冷めたナポリタン、おにぎりの温もり……胃袋の記憶を綴るエッセイ。

663
言ってはいけない
残酷すぎる真実
橘　玲

社会の美言は絵空事だ。往々にして、努力は遺伝に勝てず、見た目の「美貌格差」で人生が左右され、子育ての苦労もムダに終る。最新知見から明かされる「不愉快な現実」を直視せよ！

003
バカの壁
養老孟司

話が通じない相手との間には何があるのか。「共同体」「無意識」「脳」「身体」など多様な角度から考えると見えてくる、私たちを取り囲む「壁」とは——。

061
死の壁
養老孟司

死といかに向きあうか。なぜ人を殺してはいけないのか。「死」に関する様々なテーマから、生きるための知恵を考える。『バカの壁』に続く養老孟司、新潮新書第二弾。